Impressum
Verlag: BABADADA GmbH, Nedderfeld 112 , 22529 Hamburg
Geschäftsführer / Verlagsleitung: Harald Hof
Druck: Books on Demand GmbH, In de Tarpen 42, 22848 Norderstedt

Imprint
Publisher: BABADADA GmbH, Nedderfeld 112 , 22529 Hamburg, Germany
Managing Director / Publishing direction: Harald Hof
Print: Books on Demand GmbH, In de Tarpen 42, 22848 Norderstedt

σχολείο
mokykla

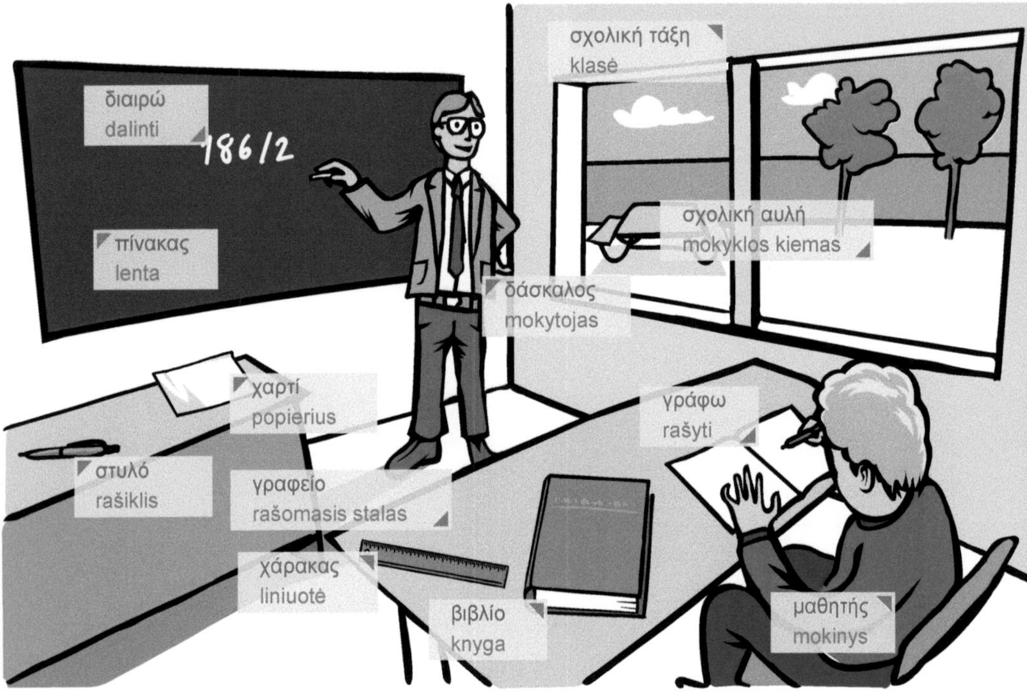
σχολική τάξη
klasė
διαιρώ
dalinti
186/2
πίνακας
lenta
σχολική αυλή
mokyklos kiemas
δάσκαλος
mokytojas
χαρτί
popierius
γράφω
rašyti
στυλό
rašiklis
γραφείο
rašomasis stalas
χάρακας
liniuotė
βιβλίο
knyga
μαθητής
mokinys

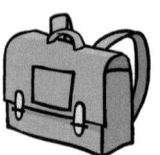

σχολική τσάντα

kuprinė

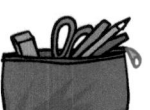

κασετίνα/ μολυβοθήκη

penalas

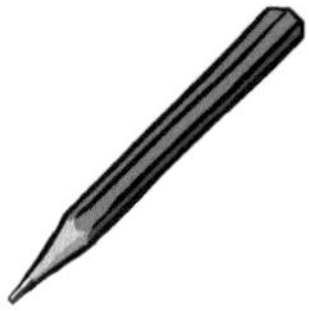

μολύβι

pieštukas

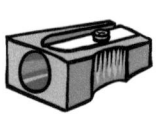

ξύστρα

drožtukas

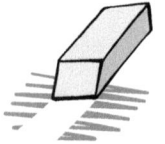

γόμα

trintukas

μπλοκ ζωγραφικής

piešimo bloknotas

ζωγραφική

piešinys

πινέλο

teptukas

κουτί χρωμάτων

dažų dėžutė

ψαλίδι

žirklės

κόλλα

klijai

τετράδιο ασκήσεων

vadovėlis

εργασία για το σπίτι

namų darbai

αριθμός

numeris

προσθέτω

pridėti

αφαιρώ

atimti

πολλαπλασιάζω

dauginti

υπολογίζω

skaičiuoti

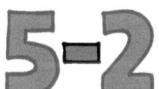

γράμμα

raidė

αλφάβητο

abėcėlė

λέξη

žodis

κείμενο

tekstas

διαβάζω

skaityti

κιμωλία

kreida

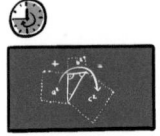

μάθημα

pamoka

εγγράφομαι

dienynas

τεστ

egzaminas

πιστοποιητικό

pažymėjimas

μαθητική στολή

mokyklinė uniforma

εκπαίδευση

išsilavinimas

εγκυκλοπαίδεια

enciklopedija

πανεπιστήμιο

universitetas

μικροσκόπιο

mikroskopas

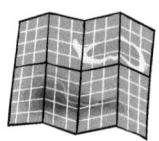

χάρτης

žemėlapis

καλάθι αχρήστων

šiukšliadėžė

ταξίδι
kelionė

ξενοδοχείο
viešbutis
Grand
ξενώνας
svečių namai
ROOMS
ανταλλακτήρια συναλλάγματος
valiutos keitykla
βαλίτσα
lagaminas
αυτοκίνητο
mašina

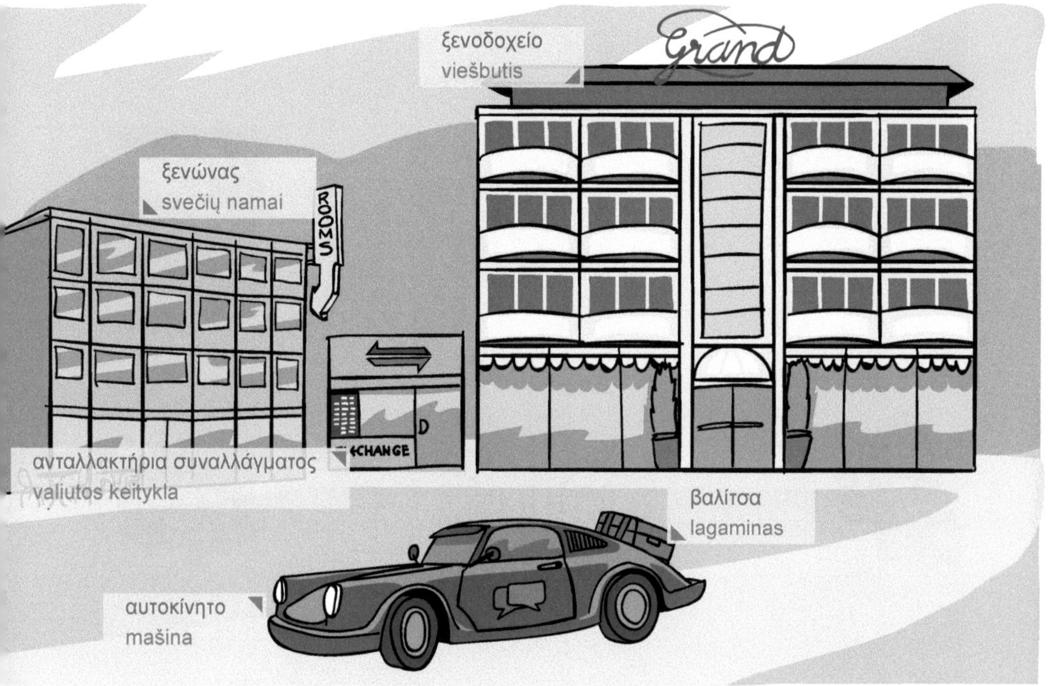

γλώσσα

kalba

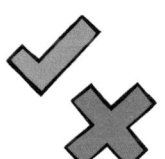

ναι / όχι

taip / ne

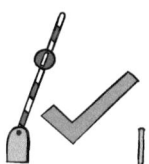

εντάξει

Gerai

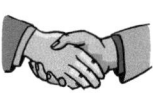

γεια σου

sveiki

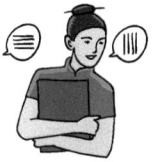

μεταφραστής

vertėjas raštu

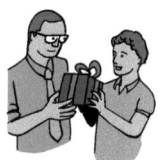

Ευχαριστώ

Ačiū

πόσο κάνει ;
kiek kainuoja...?

Δε καταλαβαίνω
aš nesuprantu

πρόβλημα
problema

Καλησπέρα!
Labas vakaras!

Καλημέρα!
Labas rytas!

Καληνύχτα!
Labos nakties!

Αντίο
viso gero

κατεύθυνση
kryptis

αποσκευές
bagažas

τσάντα
krepšys

σακίδιο πλάτης
kuprinė

καλεσμένος
svečias

δωμάτιο
kambarys

υπνόσακος
miegmaišis

σκηνή
palapinė

ταξίδι - kelionė

τουριστικές πληροφορίες
turizmo informacija

παραλία
paplūdimys

πιστωτική κάρτα
kreditinė kortelė

πρωινό
pusryčiai

μεσημεριανό
pietūs

δείπνο
vakarienė

εισιτήριο
bilietas

ανελκυστήρας
liftas

γραμματόσημο
pašto ženklas

σύνορα
siena

τελωνείο
muitinė

πρεσβεία
ambasada

βίζα
viza

διαβατήριο
pasas

μεταφορά
transportas

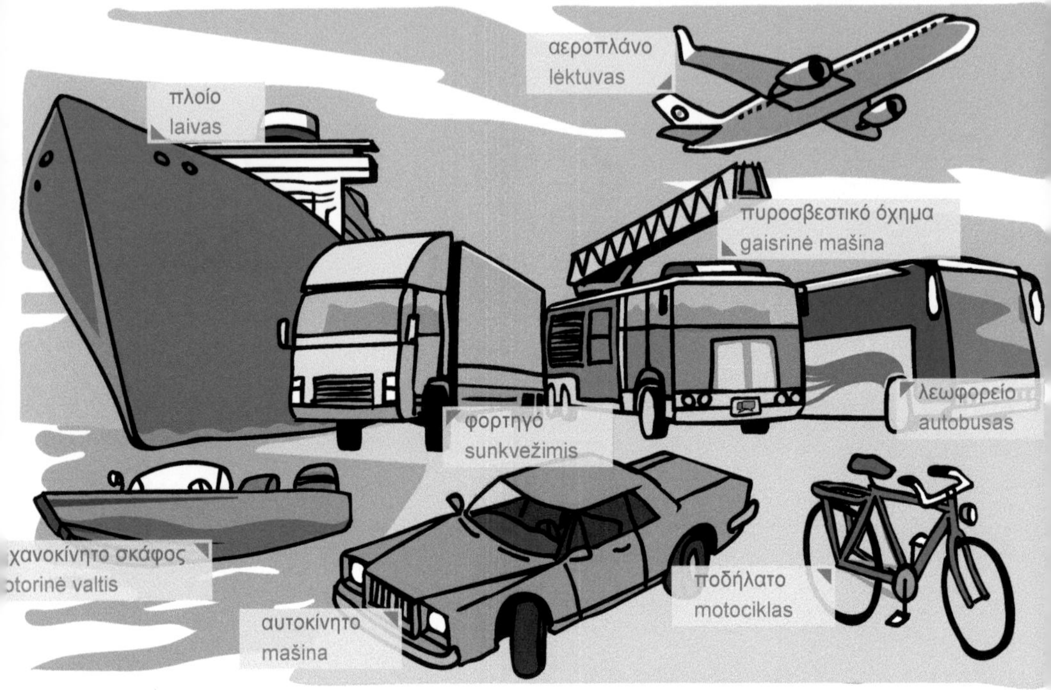

αεροπλάνο
lėktuvas
πλοίο
laivas
πυροσβεστικό όχημα
gaisrinė mašina
λεωφορείο
autobusas
φορτηγό
sunkvežimis
χανοκίνητο σκάφος
otorinė valtis
ποδήλατο
motociklas
αυτοκίνητο
mašina

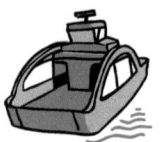

φεριμπότ

keltas

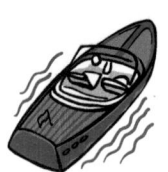

βάρκα

valtis

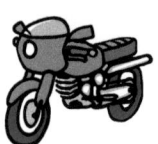

μοτοσικλέτα

mopedas

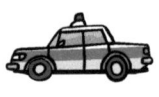

περιπολικό

policijos automobilis

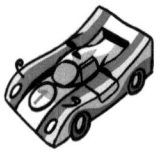

αγωνιστικό αυτοκίνητο

lenktyninis automobilis

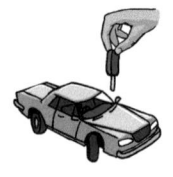

ενοικιαζόμενο αυτοκίνητο

nuomojamas automobilis

διαμοιρασμός αυτοκινήτων

bendras automobilio naudojimas

γερανός

techninės pagalbos automobilis

απορριμματοφόρο

šiukšliavežė

κινητήρας

variklis

καύσιμο

degalai

βενζινάδικο

degalinė

πινακίδα σήμανσης

kelio ženklas

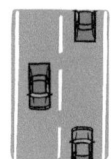

κυκλοφορία

eismas

κυκλοφοριακή συμφόρηση

eismo spūstis

χώρος στάθμευσης

mašinų stovėjimo aikštelė

σιδηροδρομικός σταθμός

traukinių stotis

σιδηροδρομικές γραμμές

bėgiai

τρένο

traukinys

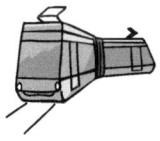

τραμ

tramvajus

βαγόνι

vagonas

ελικόπτερο

sraigtasparnis

αεροδρόμιο

oro uostas

πύργος

bokštas

επιβάτης

keleivis

εμπορευματοκιβώτιο

konteineris

χαρτοκιβώτιο

dėžė

καρότσι

vežimėlis

καλάθι

krepšys

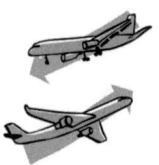

απογειώνομαι /
προσγειόνομαι

pakilti / nusileisti

πόλη
miestas

χωριό

kaimas

κέντρο της πόλης

miesto centras

σπίτι

namas

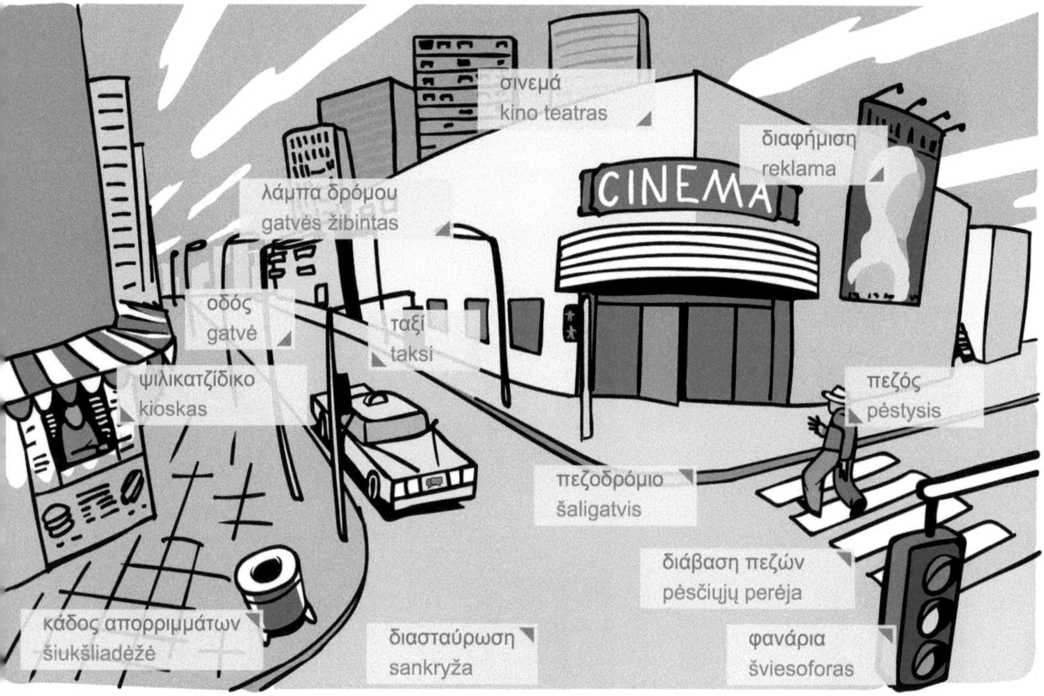

σινεμά / kino teatras
διαφήμιση / reklama
λάμπα δρόμου / gatvės žibintas
οδός / gatvė
ταξί / taksi
ψιλικατζίδικο / kioskas
πεζός / pėstysis
πεζοδρόμιο / šaligatvis
διάβαση πεζών / pėsčiųjų perėja
κάδος απορριμμάτων / šiukšliadėžė
διασταύρωση / sankryža
φανάρια / šviesoforas

καλύβα
trobelė

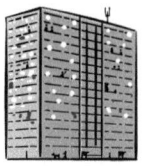

διαμέρισμα
butas

σιδηροδρομικός σταθμός
traukinių stotis

δημαρχείο
rotušė

μουσείο
muziejus

σχολείο
mokykla

πόλη - miestas

πανεπιστήμιο

universitetas

τράπεζα

bankas

νοσοκομείο

ligoninė

ξενοδοχείο

viešbutis

φαρμακείο

vaistinė

γραφείο

biuras

βιβλιοπωλείο

knygynas

κατάστημα

parduotuvė

ανθοπωλείο

gėlių parduotuvė

σούπερ μάρκετ

prekybos centras

αγορά

turgus

πολυκατάστημα

universalinė parduotuvė

ιχθυοπωλείο

žuvies parduotuvė

εμπορικό κέντρο

prekybos centras

λιμάνι

uostas

πάρκο

parkas

παγκάκι

suoliukas

γέφυρα

tiltas

σκάλες

laiptai

μετρό

metro

τούνελ

tunelis

στάση λεωφορείου

autobusų stotelė

μπαρ

baras

εστιατόριο

restoranas

γραμματοκιβώτιο

lauko pašto dėžutė

πινακίδα δρόμου

kelio ženklas

παρκόμετρο

parkomatas

ζωολογικός κήπος

zoologijos sodas

πισίνα

baseinas

τζαμί

mečetė

αγρόκτημα

ūkininko ūkis

ρύπανση

tarša

νεκροταφείο

kapinės

εκκλησία

bažnyčia

παιδική χαρά

žaidimų aikštelė

ναός

šventykla

τοπίο
kraštovaizdis

φύλλο
lapas

πινακίδα κατεύθυνσης
kelio rodyklė

δρόμος
kelias

λιβάδι
pieva

πέτρα
akmuo

δέντρο
medis

πεζοπόρος
ėjikas

ποτάμι
upė

χορτάρι
žolė

λουλούδι
gėlė

κοιλάδα

slėnis

λόφος

kalva

λίμνη

ežeras

δάσος

miškas

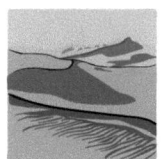

έρημος

dykuma

ηφαίστειο

ugnikalnis

κάστρο

pilis

ουράνιο τόξο

vaivorykštė

μανιτάρι

grybas

φοίνικας

palmė

κουνούπι

uodas

μύγα

musė

μυρμήγκι

skruzdėlė

μέλισσα

bitė

αράχνη

voras

σκαθάρι

vabalas

βάτραχος

varlė

σκίουρος

voverė

σκαντζόχοιρος

ežys

λαγός

kiškis

κουκουβάγια

pelėda

πουλί

paukštis

κύκνος

gulbė

αγριογούρουνο

šernas

ελάφι

elnias

άλκη

briedis

φράγμα

užtvanka

ανεμογεννήτρια

vėjo jėgainė

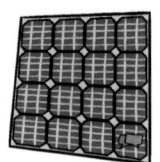

ηλιακός συλλέκτης

saulės baterija

κλίμα

klimatas

εστιατόριο
restoranas

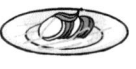

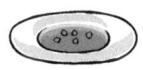

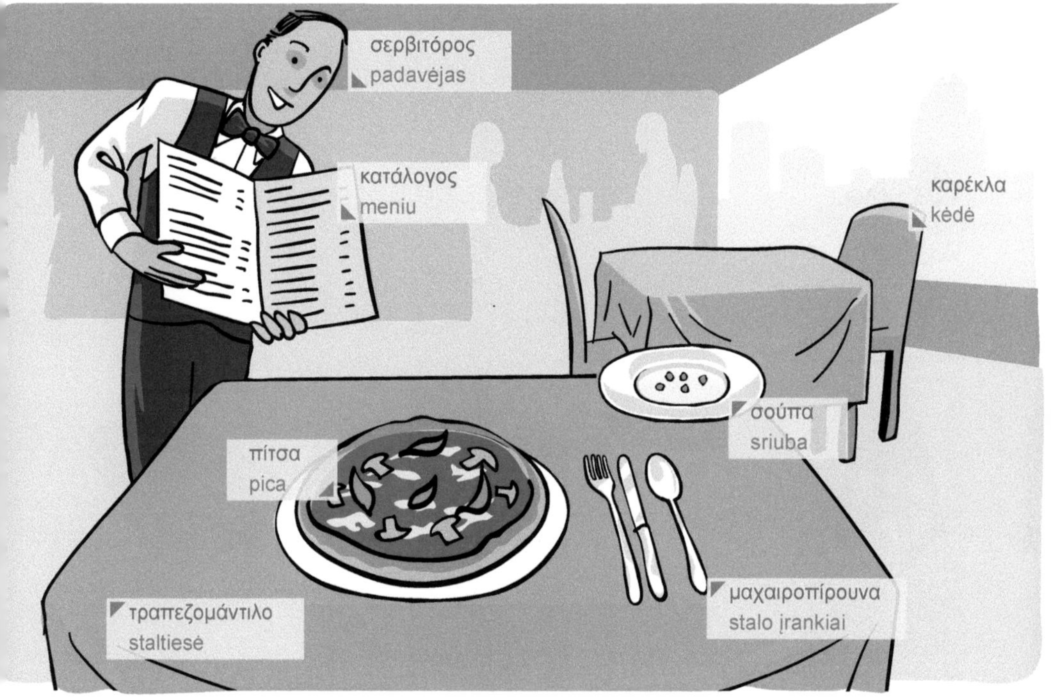
σερβιτόρος
padavėjas
κατάλογος
meniu
καρέκλα
kėdė
σούπα
sriuba
πίτσα
pica
τραπεζομάντιλο
staltiesė
μαχαιροπίρουνα
stalo įrankiai

ορεκτικό

užkandis

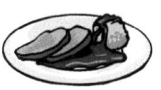

κύριο πιάτο

pagrindinis patiekalas

επιδόρπιο

desertas

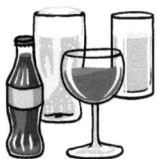

ποτά

gėrimai

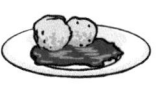

φαγητό

maistas

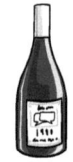

μπουκάλι

butelis

φαστ φουντ

greitai pateikiamas maistas

φαγητό στ' όρθιο

gatvės maistas

τσαγιέρα

arbatinukas

δοχείο ζάχαρης

cukrinė

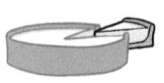

μερίδα

porcija

μηχανή εσπρέσο

espreso aparatas

ψηλή καρέκλα

aukšta kėdė

λογαριασμός

sąskaita

δίσκος

padėklas

μαχαίρι

peilis

πιρούνι

šakutė

κουτάλι

šaukštas

κουταλάκι του τσαγιού

arbatinis šaukštelis

πετσέτα φαγητού

servetėlė

ποτήρι

stiklinė

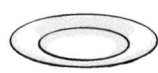

πιάτο

lėkštė

πιάτο σούπας

sriubos lėkštė

πιατάκι φλιτζανιού

padėklas

σάλτσα

padažas

αλατιέρα

druskinė

μύλος για πιπέρι

pipirų malūnėlis

ξύδι

actas

λάδι

aliejus

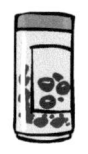

μπαχαρικά

prieskoniai

κέτσαπ

kečupas

μουστάρδα

garstyčios

μαγιονέζα

majonezas

σούπερ μάρκετ
prekybos centras

προσφορά
specialus pasiūlymas
FOR
πελάτης
pirkėjas
γαλακτοκομικά προϊόντα
pieno produktai
φρούτα
vaisiai
καρότσι για ψώνια
troleibusas

BUTCHERS

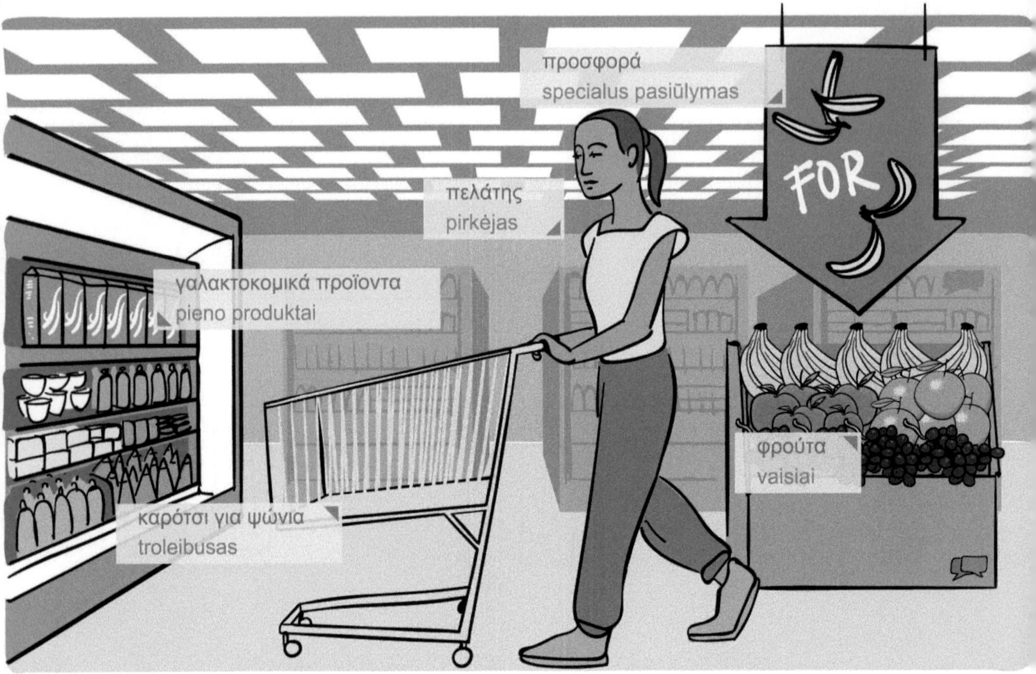

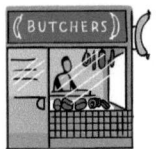

κρεοπωλείο

mėsos parduotuvė

BAKERY

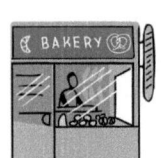

φούρνος

kepykla

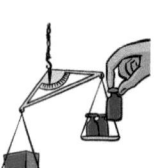

ζυγίζω

sverti

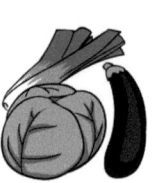

λαχανικά

daržovės

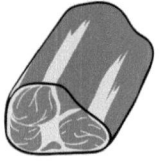

κρέας

mėsa

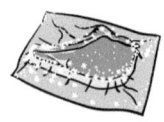

κατεψυγμένα τρόφιμα

šaldytas maistas

αλλαντικά

šalti mėsos užkandžiai

κονσερβοποιημένη τροφή

konservai

απορρυπαντικό ρούχων

skalbimo milteliai

γλυκά

saldumynai

οικιακά είδη

ūkinės prekės

καθαριστικά προϊόντα

valymo priemonės

πωλήτρια

pardavėja

ταμείο

kasos aparatas

ταμίας

kasininkas

λίστα για ψώνια

pirkinių sąrašas

ωράριο λειτουργίας

darbo valandos

πορτοφόλι

piniginė

πιστωτική κάρτα

kreditinė kortelė

τσάντα

maišelis

πλαστική σακούλα

plastikinis maišelis

νερό

vanduo

χυμός

sultys

γάλα

pienas

κόκα κόλα

kola

κρασί

vynas

μπίρα

alus

αλκοόλ

alkoholis

κακάο

kakava

τσάι

arbata

καφές

kava

εσπρέσο

espresas

καπουτσίνο

kapučinas

μπανάνα
bananas

μήλο
obuolys

πορτοκάλι
apelsinas

πεπόνι
arbūzas

λεμόνι
citrina

καρότο
morka

σκόρδο
česnakas

μπαμπού
bambukas

κρεμμύδι
svogūnas

μανιτάρι
grybas

ξηροί καρποί
riešutai

νουντλς
makaronai

μακαρόνια

spagečiai

ρύζι

ryžiai

σαλάτα

salotos

πατατάκια

traškučiai

τηγανητές πατάτες

keptos bulvės

πίτσα

pica

χάμπουργκερ

mėsainis

σάντουιτς

sumuštinis

κοτολέτα

pjausnys

ζαμπόν

kumpis

σαλάμι

saliamis

λουκάνικο

dešrelė

κοτόπουλο

vištiena

ψητό

kepsnys

ψάρι

žuvis

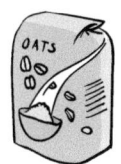

χυλός βρώμης

avižų dribsniai

μούσλι

dribsniai su priedais

κορν φλέικς

kukurūzų dribsniai

αλεύρι

miltai

κρουασάν

prancūziškasis ragelis

ψωμάκι

bandelė

ψωμί

duona

τοστ

skrebutis

μπισκότα

sausainiai

βούτυρο

sviestas

τυρόπηγμα

varškė

κέικ

tortas

αυγό

kiaušinis

τηγανητό αυγό

kiaušinienė

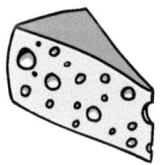

τυρί

sūris

παγωτό

ledai

ζάχαρη

cukrus

μέλι

medus

μαρμελάδα

uogienė

άλλειμμα σοκολάτας

tepamas šokoladas

κάρυ

karis

αγρόκτημα
ūkininko ūkis

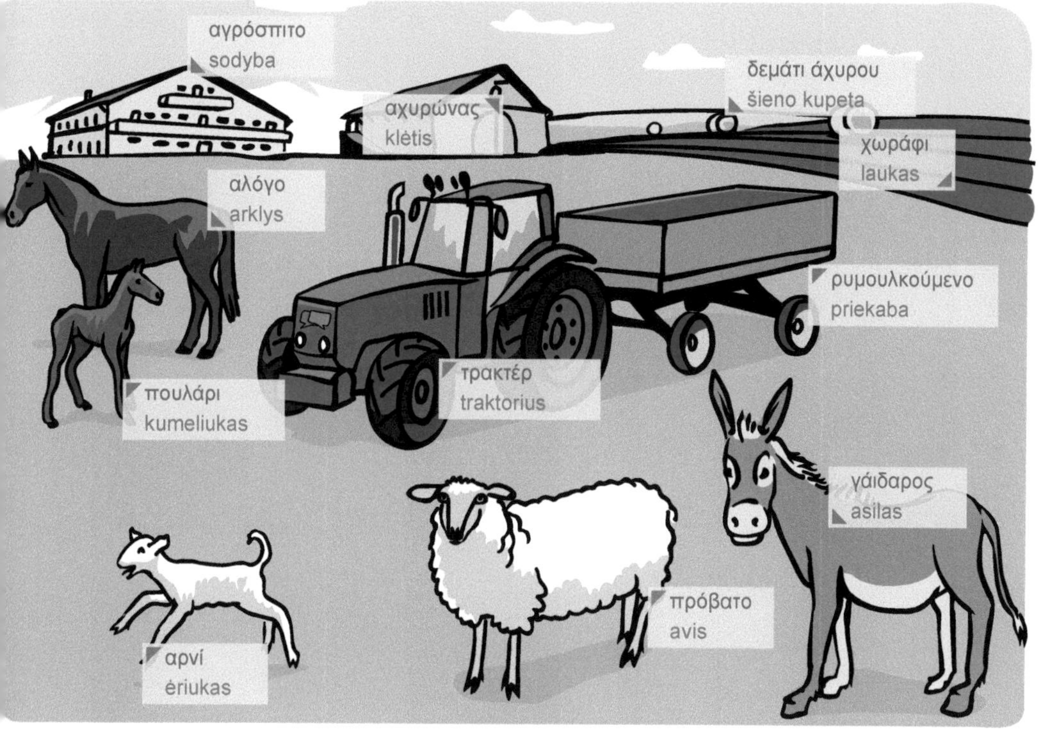
αγρόσπιτο
sodyba
αχυρώνας
klėtis
δεμάτι άχυρου
šieno kupeta
χωράφι
laukas
αλόγο
arklys
ρυμουλκούμενο
priekaba
πουλάρι
kumeliukas
τρακτέρ
traktorius
γάιδαρος
asilas
πρόβατο
avis
αρνί
ėriukas

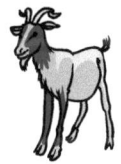

κατσίκα

ožys

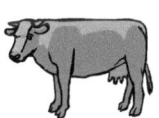

αγελάδα

karvė

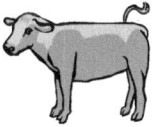

μοσχαράκι

veršis

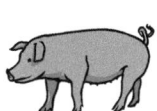

γουρούνι

kiaulė

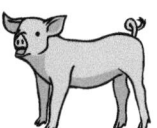

γουρουνάκι

paršelis

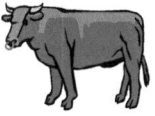

ταύρος

bulius

χήνα

žąsis

πάπια

antis

κοτοπουλάκι

viščiukas

κότα

višta

κόκορας

gaidys

αρουραίος

žiurkė

γάτα

katė

ποντίκι

pelė

βόδι

jautis

σκύλος

šuo

σπιτάκι σκύλου

šuns būda

λάστιχο κήπου

sodo namas

ποτιστήρι

laistytuvas

θεριστήρι

dalgis

αλέτρι

plūgas

αγρόκτημα - ūkininko ūkis

δρεπάνι

pjautuvas

τσάπα

kauptukas

δίκρανο

šakės

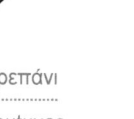

τσεκούρι

kirvis

χειράμαξα

statinė

ταΐστρα

lovys

δοχείο γάλακτος

bidonas

σάκος

maišas

φράχτης

tvora

στάβλος

arklidė

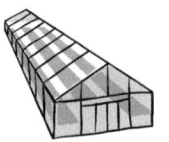

θερμοκήπιο

šiltnamis

έδαφος

dirva

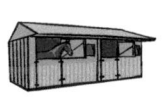

σπόρος

sėkla

λίπασμα

trąšos

θεριζοαλωνιστική μηχανή

kombainas

θερίζω

rinkti

συγκομιδή

derlius

γιαμς

saldžiosios bulvės

σιτάρι

kviečiai

σόγια

soja

πατάτα

bulvė

καλαμπόκι

kukurūzai

κράμβη

rapsai

οπωροφόρο δέντρο

vaismedis

μανιόκα

manijokas

δημητριακά

grūdai

αγρόκτημα - ūkininko ūkis

σπίτι

namas

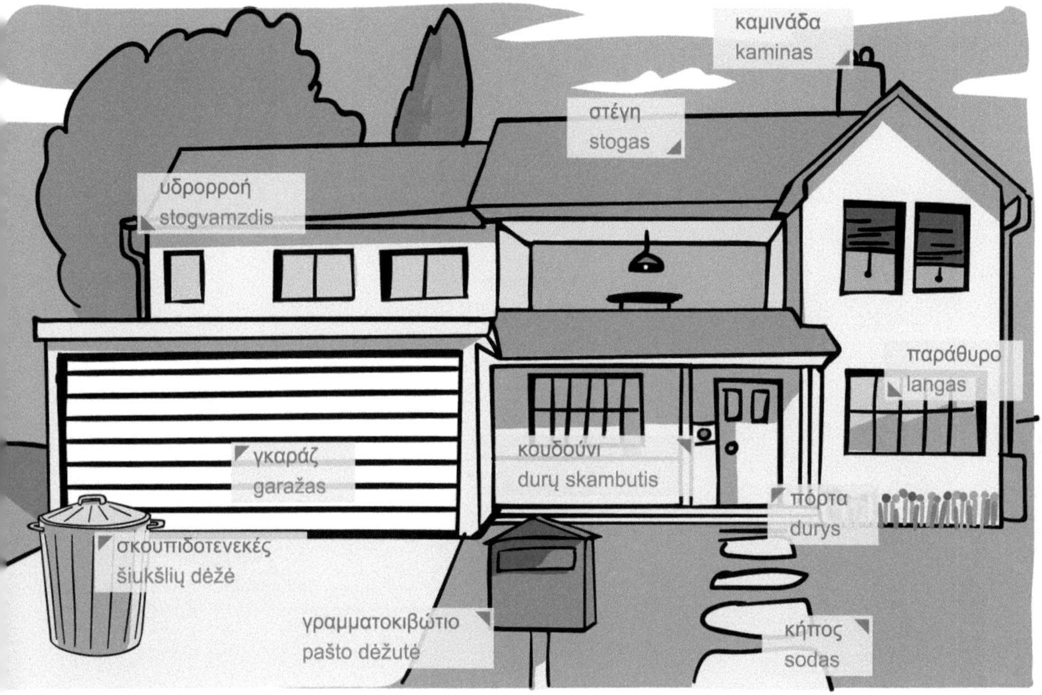
καμινάδα
kaminas
στέγη
stogas
υδρορροή
stogvamzdis
παράθυρο
langas
γκαράζ
garažas
κουδούνι
durų skambutis
πόρτα
durys
σκουπιδοτενεκές
šiukšlių dėžė
γραμματοκιβώτιο
pašto dėžutė
κήπος
sodas

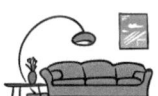

σαλόνι

svetainė

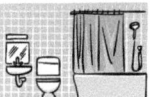

μπάνιο

vonios kambarys

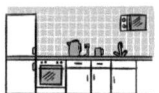

κουζίνα

virtuvė

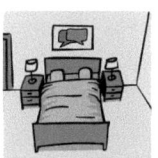

υπνοδωμάτιο

miegamasis

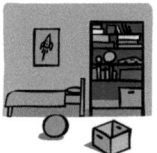

παιδικό δωμάτιο

vaiko kambarys

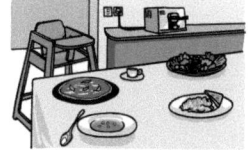

τραπεζαρία

valgomasis

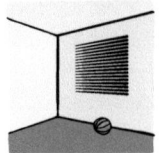

πάτωμα

grindys

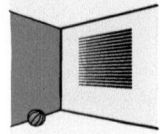

τοίχος

siena

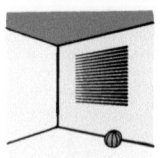

οροφή

lubos

κελάρι

rūsys

σάουνα

sauna

μπαλκόνι

balkonas

βεράντα

terasa

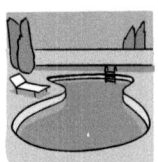

πισίνα

baseinas

μηχανή του γκαζόν

žoliapjovė

σεντόνι

paklodė

κάλυμμα κρεβατιού

lovatiesė

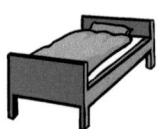

κρεβάτι

lova

σκούπα

šluota

κουβάς

kibiras

διακόπτης

jungiklis

σαλόνι

svetainė

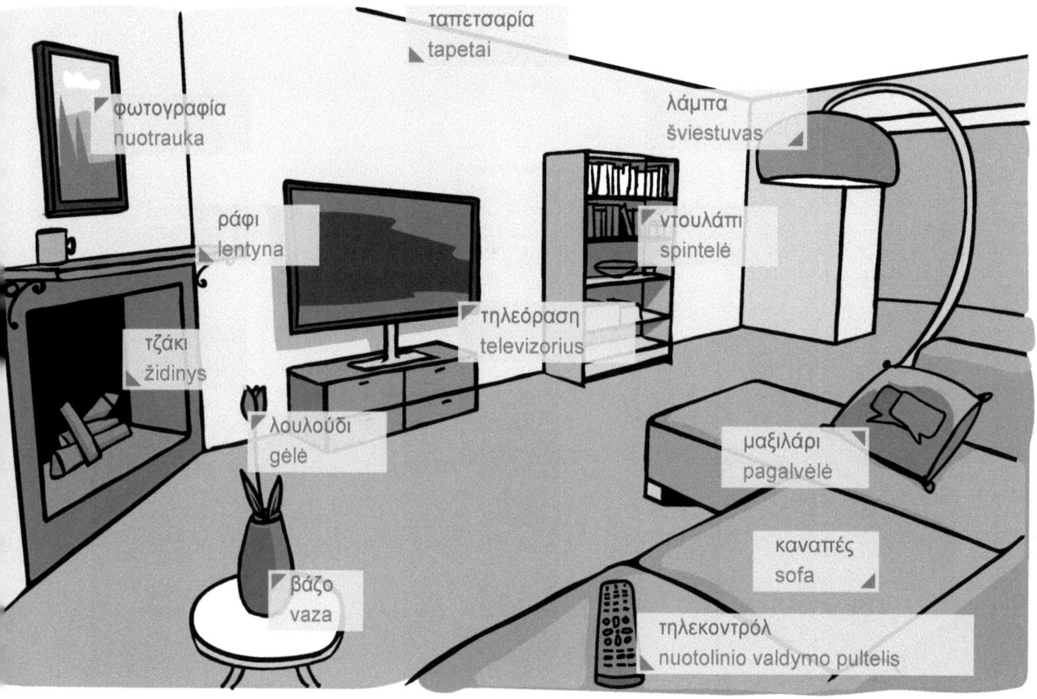

ταπετσαρία
tapetai
φωτογραφία
nuotrauka
λάμπα
šviestuvas
ράφι
lentyna
ντουλάπι
spintelė
τηλεόραση
televizorius
τζάκι
židinys
λουλούδι
gėlė
μαξιλάρι
pagalvėlė
καναπές
sofa
βάζο
vaza
τηλεκοντρόλ
nuotolinio valdymo pultelis

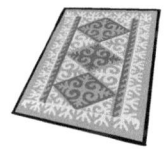

χαλί

kilimas

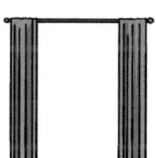

κουρτίνα

užuolaida

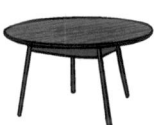

τραπέζι

stalas

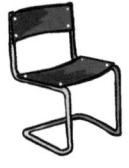

καρέκλα

kėdė

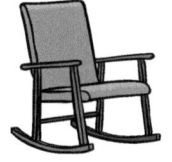

κουνιστή πολυθρόνα

supamasis krėslas

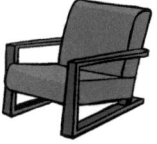

πολυθρόνα

fotelis

βιβλίο
knyga

κουβέρτα
antklodė

διακόσμηση
papuošimai

καυσόξυλα
malkos

ταινία
filmas

στερεοφωνικό σύστημα
stereo aparatūra

κλειδί
raktas

εφημερίδα
laikraštis

πίνακας ζωγραφικής
paveikslas

αφίσα
plakatas

ραδιόφωνο
radijas

σημειωματάριο
užrašų knygelė

ηλεκτρική σκούπα
dulkių siurblys

κάκτος
kaktusas

κερί
žvakė

σαλόνι - svetainė

κουζίνα
virtuvė

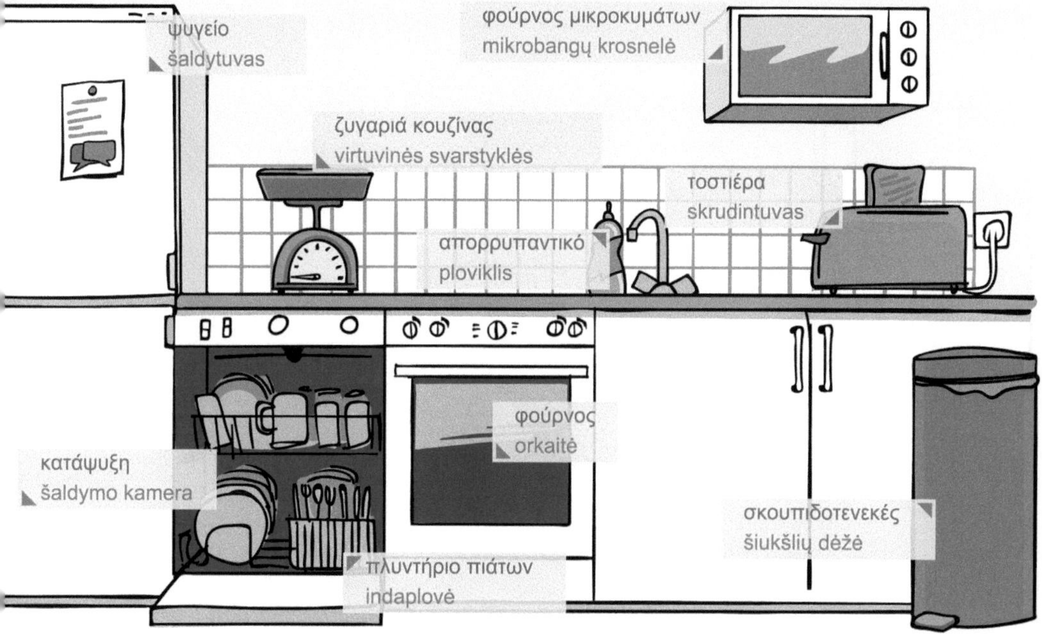
ψυγείο
šaldytuvas
φούρνος μικροκυμάτων
mikrobangų krosnelė
ζυγαριά κουζίνας
virtuvinės svarstyklės
τοστιέρα
skrudintuvas
απορρυπαντικό
ploviklis
φούρνος
orkaitė
κατάψυξη
šaldymo kamera
σκουπιδοτενεκές
šiukšlių dėžė
πλυντήριο πιάτων
indaplovė

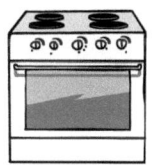

κουζίνα

viryklė

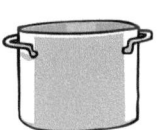

κατσαρόλα

puodas

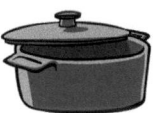

μαντεμένια κατσαρόλα

ketaus puodas

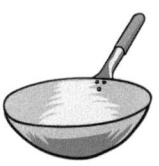

γουόκ/καντάι

„wok“ keptuvė

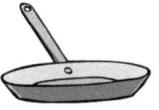

τηγάνι

keptuvė

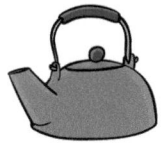

βραστήρας

virdulys

ατμομάγειρας

garų puodas

ταψί

kepimo skarda

πιατικά

porceliano indai

κούπα

puodelis

μπολ

dubuo

ξυλάκια

valgomosios lazdelės

κουτάλα

samtis

σπάτουλα

mentelė

ανακατεύω

plaktuvas

σουρωτήρι

koštuvas

σουρωτηράκι

sietas

τρίφτης

trintuvė

γουδί

grūstuvė

ψησταριά

kepsninė

ανοιχτή φωτιά

atvira liepsna

σανίδα κοπής
pjaustymo lentelė

πλάστης
kočėlas

ανοιχτήρι φελλών
kamščiatraukis

κονσέρβα
skardinė

ανοιχτήρι κονσέρβας
skardinių atidarytuvas

γάντι φούρνου
puodkėlė

νεροχύτης
kriauklė

βούρτσα
šepetys

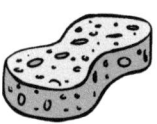

σφουγγάρι
kempinė

μπλέντερ
trintuvas

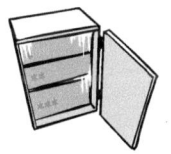

καταψύκτης
šaldiklis

μπιμπερό
kūdikių buteliukas

βρύση
čiaupas

μπάνιο

vonios kambarys

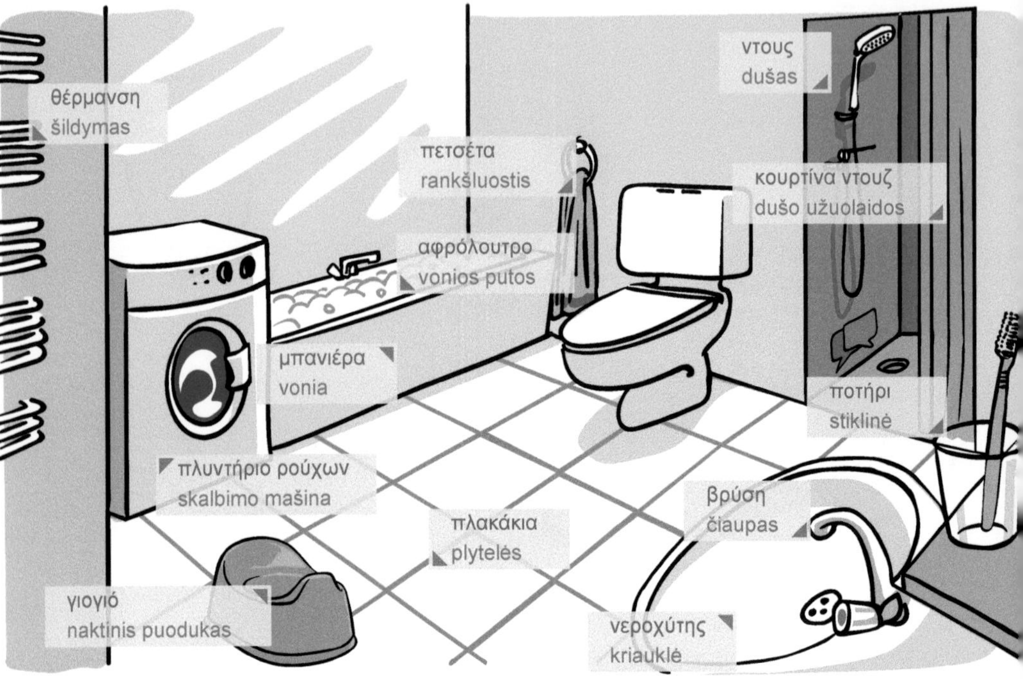
θέρμανση
šildymas
ντους
dušas
πετσέτα
rankšluostis
κουρτίνα ντουζ
dušo užuolaidos
αφρόλουτρο
vonios putos
μπανιέρα
vonia
ποτήρι
stiklinė
πλυντήριο ρούχων
skalbimo mašina
βρύση
čiaupas
πλακάκια
plytelės
γιογιό
naktinis puodukas
νεροχύτης
kriauklė

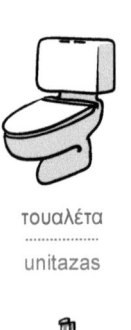

τουαλέτα

unitazas

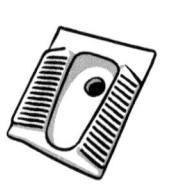

τούρκικη τουαλέτα

tupimasis unitazas

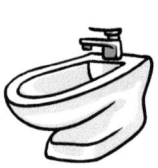

μπιντές

bidė

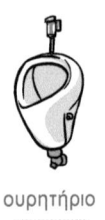

ουρητήριο

pisuaras

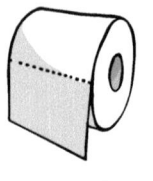

χαρτί υγείας

tualetinis popierius

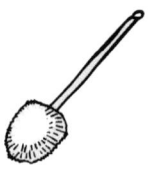

πιγκάλ

unitazo šepetys

οδοντόβουρτσα

dantų šepetėlis

οδοντόκρεμα

dantų pasta

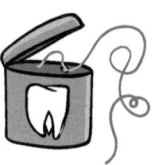

οδοντικό νήμα

dantų siūlas

πλένω

plauti

τηλέφωνο ντους

dušo galvutė

ντουσιέρα

higieninis dušas

λεκάνη

praustuvas

βούρτσα πλάτης

nugaros plaušinė

σαπούνι

muilas

αφρόλουτρο

dušo želė

σαμπουάν

šampūnas

φανέλα

plaušinė

σιφόνι

kanalizacija

κρέμα

kremas

αποσμητικό

dezodorantas

μπάνιο - vonios kambarys

καθρέφτης
veidrodis

καθρέφτης χειρός
veidrodėlis

ξυραφάκι
skustuvas

αφρός ξυρίσματος
skutimosi putos

αφτερσέιβ
losjonas po skutimosi

χτένα
šukos

βούρτσα
šepetys

σεσουάρ
plaukų džiovintuvas

λακ
plaukų lakas

μακιγιάζ
makiažas

κραγιόν
lūpdažis

βερνίκι νυχιών
nagų lakas

βαμβάκι
vata

ψαλίδι νυχιών
žirklutės nagams

άρωμα
kvepalai

νεσεσέρ

maišelis skalbiniams

σκαμπό

taburetė

ζυγαριά

svarstyklės

μπουρνούζι

chalatas

ελαστικά γάντια

guminės pirštinės

ταμπόν

tamponas

πετσέτα υγιεινής

higieninis įklotas

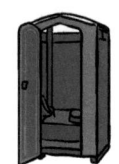

χημική τουαλέτα

biotualetas

παιδικό δωμάτιο
vaiko kambarys

ξυπνητήρι
žadintuvas
λούτρινο ζωάκι
pliušinis žaislas
αυτοκινητάκι
žaislinė mašinėlė
κουδουνίστρα
barškutis
κουκλόσπιτο
lėlės namelis
δώρο
dovana

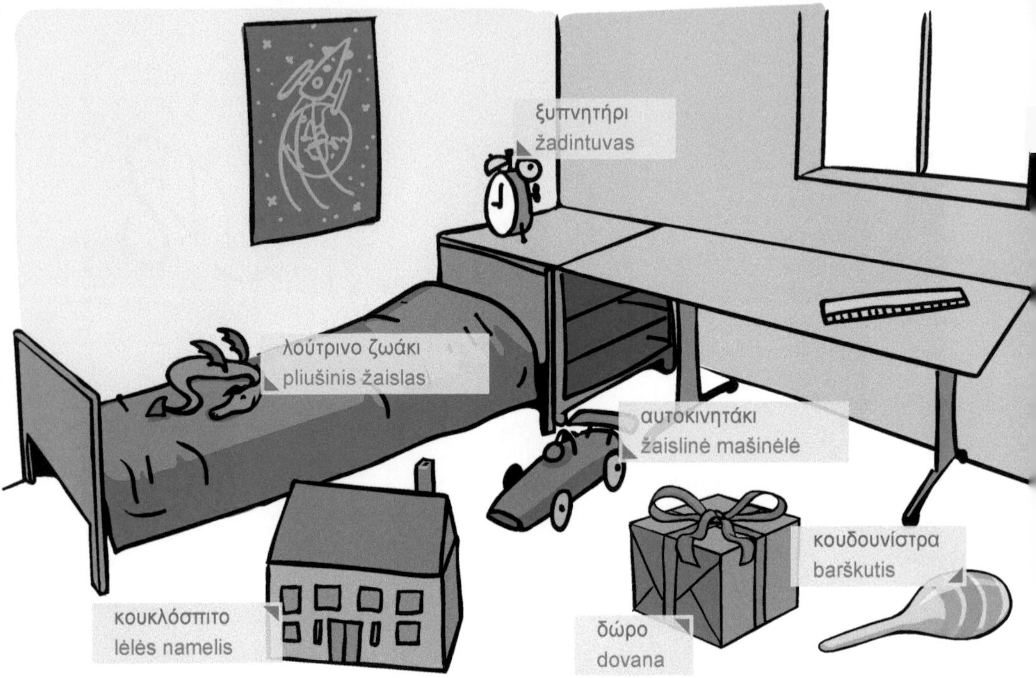

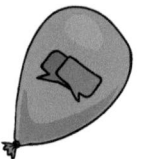

μπαλόνι
balionas

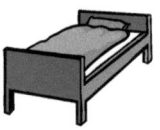

κρεβάτι
lova

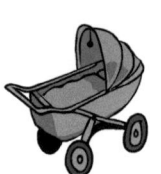

καροτσάκι
vaikiškas vežimėlis

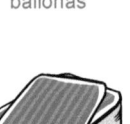

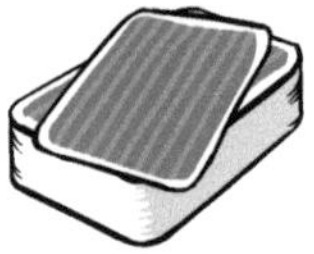

τράπουλα
kortų malka

παζλ
delionė

SUPER
MEGA

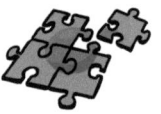

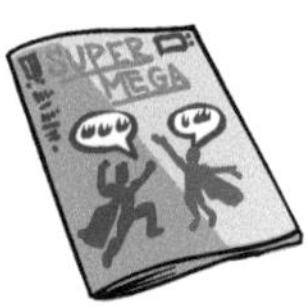

κόμικς
komiksai

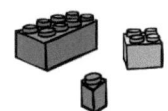

τουβλάκια lego

lego kaladėlės

τουβλάκια κατασκευών

žaislinės kaladėlės

φιγούρα δράσης

figūrėlė

βρεφικό φορμάκι

šliaužtinukai

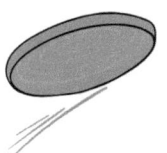

φρίσμπι

mėtymo lėkštė

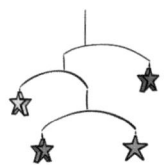

μόμπιλο

karuselė

επιτραπέζιο παιχνίδι

stalo žaidimas

ζάρια

kauliukai

σετ τρενάκι

žaislinis traukinys

πιπίλα

žindukas

πάρτι

vakarėlis

εικονογραφημένο βιβλίο

paveiksliukų knygelė

μπάλα

kamuolys

κούκλα

lėlė

παίζω

žaisti

σκάμμα με άμμο

smėlio dėžė

κούνια

sūpynės

παιχνίδια

žaislai

κονσόλα βιντεοπαιχνιδιών

žaidimų konsolė

τρίκυκλο

triratukas

αρκουδάκι

meškiukas

ντουλάπα

drabužių spinta

ρούχα
drabužis

κάλτσες

kojinės

καλτσοδέτες

kojinės virš kelių

καλσόν

pėdkelnės

κασκόλ
šalikas

ζώνη
diržas

ομπρέλα
skėtis

μπλουζάκι
marškinėliai

μπότες
ilgaauliai batai

αθλητικά παπούτσια
sportbačiai

παντόφλες
šlepetės

σανδάλια
sandalai

παπούτσια
batai

γαλότσες
guminiai batai

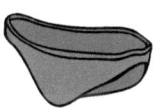

εσώρουχο
trumpikės

σουτιέν
liemenėlė

φανέλα
liemenė

σώμα

glaustinukė

παντελόνι

kelnės

τζιν παντελόνι

džinsai

φούστα

sijonas

μπλούζα

palaidinė

πουκάμισο

marškiniai

πουλόβερ

megztinis

πουλόβερ

megztinis su gobtuvu

σακάκι

švarkelis

μπουφάν

švarkas

παλτό

paltas

αδιάβροχο πανωφόρι

lietpaltis

κοστούμι

kostiumas

φόρεμα

suknelė

νυφικό

vestuvinė suknelė

ρούχα - drabužis

κοστούμι
kostiumas

νυχτικό
naktiniai marškiniai

πιτζάμες
pižama

σάρι
saris

μαντήλι
skarelė

τουρμπάνι
tiurbanas

μπούρκα
burka

καφτάνι
kaftanas

μουσουλμανικό ένδυμα
abaja

ολόσωμο μαγιό
maudymosi kostiumėlis

ανδρικό μαγιό
glaudės

σορτς
šortai

αθλητική φόρμα
sportinis kostiumas

ποδιά
prijuostė

γάντια
pirštinės

κουμπί

saga

γυαλιά

akiniai

βραχιόλι

apyrankė

περιδέραιο

vėrinys

δαχτυλίδι

žiedas

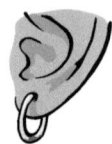

σκουλαρίκι

auskaras

καπέλο

kepurė

κρεμάστρα

pakabas

καπέλο

skrybėlė

γραβάτα

kaklaraištis

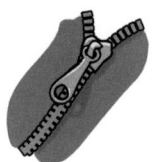

φερμουάρ

užtrauktukas

κράνος

šalmas

τιράντες

breketai

μαθητική στολή

mokyklinė uniforma

στολή

uniforma

σαλιάρα
seilinukas

πιπίλα
žindukas

πάνα
vystyklai

γραφείο
biuras

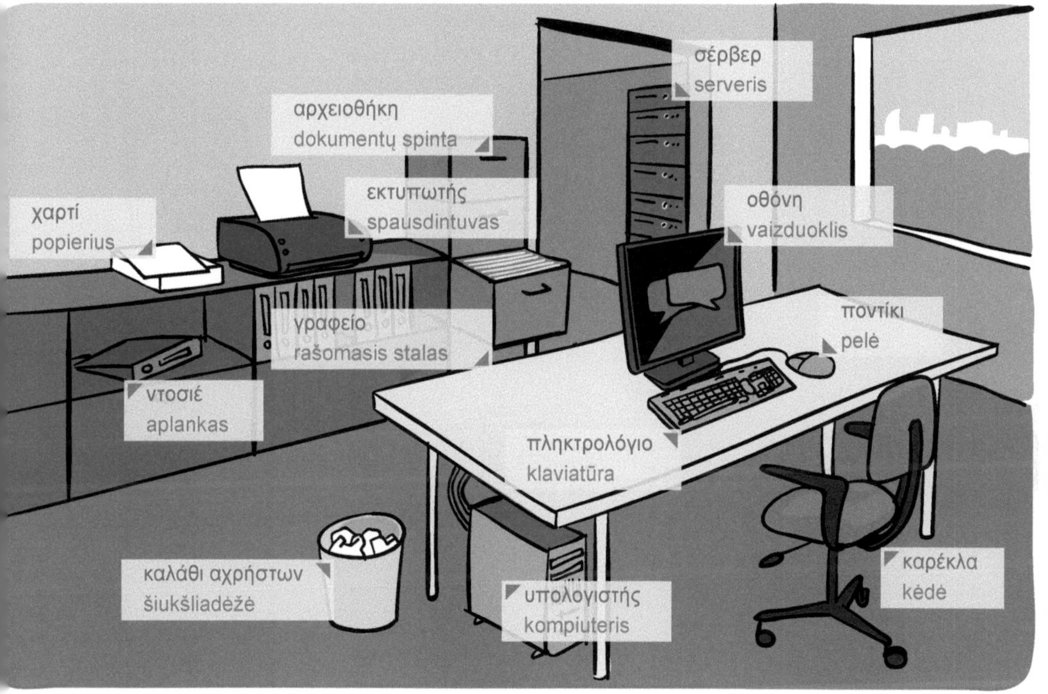

σέρβερ
serveris

αρχειοθήκη
dokumentų spinta

εκτυπωτής
spausdintuvas

οθόνη
vaizduoklis

χαρτί
popierius

ποντίκι
pelė

γραφείο
rašomasis stalas

ντοσιέ
aplankas

πληκτρολόγιο
klaviatūra

καλάθι αχρήστων
šiukšliadėžė

καρέκλα
kėdė

υπολογιστής
kompiuteris

κούπα του καφέ
kavos puodelis

κομπιουτεράκι
kalkuliatorius

ίντερνετ
internetas

λάπτοπ

nešiojamasis kompiuteris

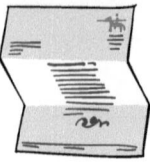

γράμμα

laiškas

μήνυμα

žinutė

κινητό

mobilusis telefonas

δίκτυο

tinklas

φωτοτυπικό μηχάνημα

fotokopijavimo aparatas

λογισμικό

programinė įranga

τηλέφωνο

telefonas

πρίζα

kištukinis lizdas

συσκευή φαξ

faksas

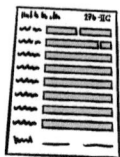

έντυπο

forma

έγγραφο

dokumentas

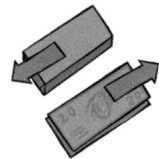

αγοράζω
pirkti

πληρώνω
mokėti

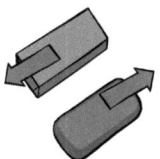

συναλλάσσομαι
prekiauti

χρήματα
pinigai

δολάριο
doleris

ευρώ
euras

γιεν
jena

ρούβλι
rublis

ελβετικό φράγκο
Šveicarijos frankas

ρενμίνμπι γιουάν
juanis

ρουπία
rupija

ATM (αυτόματη ταμειακή μηχανή)
bankomatas

ανταλλακτήρια
συναλλάγματος

valiutos keitykla

χρυσός

auksas

ασήμι

sidabras

πετρέλαιο

nafta

ενέργεια

energija

τιμή

kaina

συμβόλαιο

sutartis

φόρος

mokestis

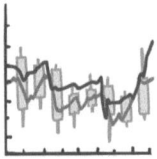

μετοχή

akcijos

δουλεύω

dirbti

υπάλληλος

darbuotojas

εργοδότης

darbdavys

εργοστάσιο

gamykla

κατάστημα

parduotuvė

επαγγέλματα
profesijos

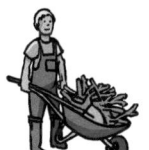

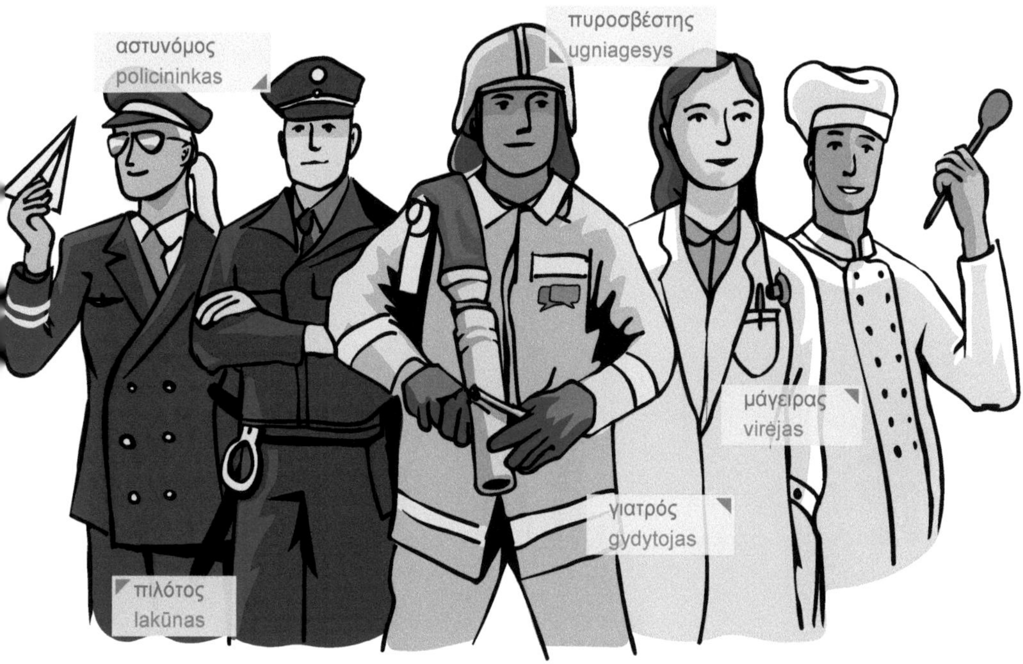
αστυνόμος
policininkas
πυροσβέστης
ugniagesys
μάγειρας
virėjas
γιατρός
gydytojas
πιλότος
lakūnas

κηπουρός

sodininkas

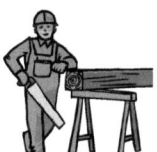

ξυλουργός

stalius

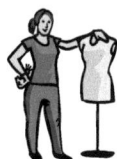

μοδίστρα

siuvėja

δικαστής

teisėjas

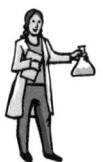

χημικός

chemikas

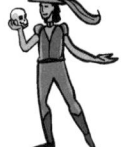

ηθοποιός

aktorius

οδηγός λεωφορείου

autobuso vairuotojas

ταξιτζής

taksi vairuotojas

ψαράς

žvejys

καθαρίστρια

valytoja

τεχνίτης στεγών

stogdengys

σερβιτόρος

padavėjas

κυνηγός

medžiotojas

ζωγράφος

dailininkas

αρτοποιός

kepėjas

ηλεκτρολόγος

elektrikas

οικοδόμος

statybininkas

μηχανολόγος

inžinierius

κρεοπώλης

mėsininkas

υδραυλικός

santechnikas

ταχυδρόμος

paštininkas

στρατιώτης

kareivis

αρχιτέκτονας

architektas

ταμίας

kasininkas

ανθοπώλης

gėlininkas

κομμωτής

kirpėjas

ελεγκτής εισιτηρίων

konduktorius

μηχανικός

mechanikas

καπετάνιος

kapitonas

οδοντίατρος

odontologas

επιστήμονας

mokslininkas

ραβίνος

rabinas

ιμάμης

imamas

μοναχός

vienuolis

ιερέας

kunigas

εργαλεία
įrankiai

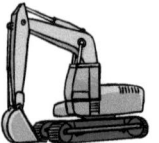

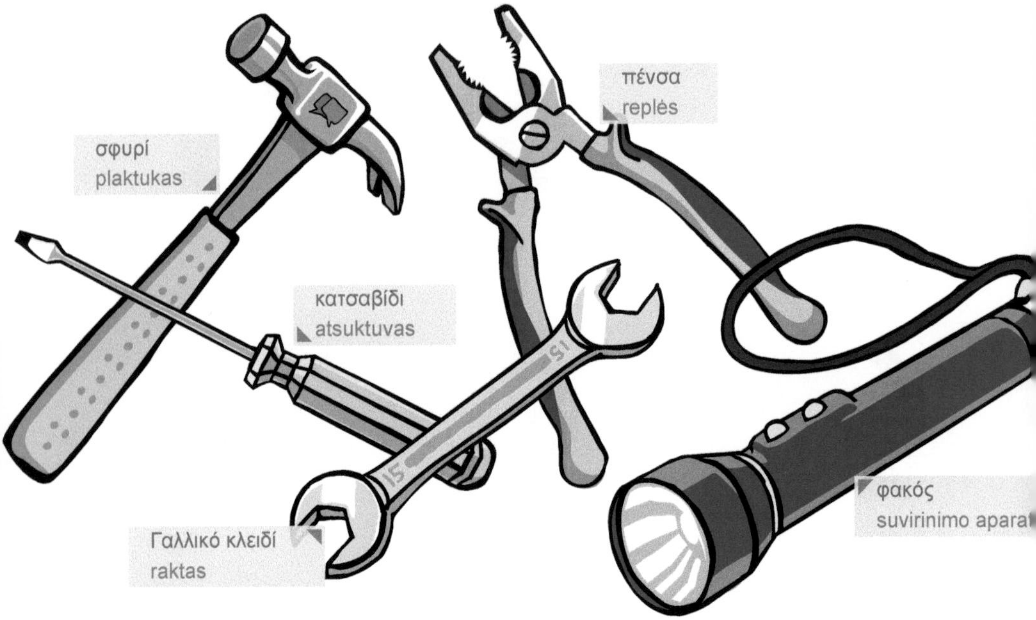
σφυρί
plaktukas
πένσα
replės
κατσαβίδι
atsuktuvas
Γαλλικό κλειδί
raktas
φακός
suvirinimo aparat

εκσκαφέας

ekskavatorius

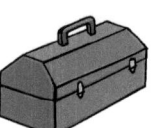

εργαλειοθήκη

įrankių dėžė

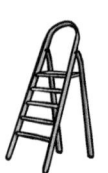

σκάλα

kopėčios

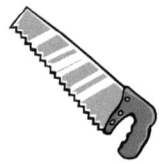

πριόνι

pjūklas

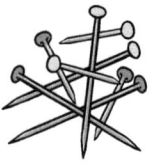

καρφιά

vinys

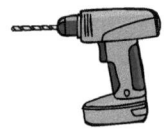

τρυπάνι

grąžtas

επισκευάζω	φτυάρι	Να πάρει!
taisyti	kastuvas	Velniava!

φαράσι	δοχείο χρωμάτων	βίδες
semtuvėlis	dažų skardinė	varžtai

μουσικά όργανα
muzikos instrumentai

ντραμς
būgnų rinkinys

μεγάφωνο
garsiakalbis

κιθάρα
gitara

κοντραμπάσο
kontrabosas

τρομπέτα
trimitas

πιάνο
pianinas

βιολί
smuikas

μπάσο
bosinė gitara

τύμπανα
timpanas

τύμπανο
būgnai

πλήκτρα
sintezatorius

σαξόφωνο
saksofonas

φλάουτο
fleita

μικρόφωνο
mikrofonas

ζωολογικός κήπος
zoologijos sodas

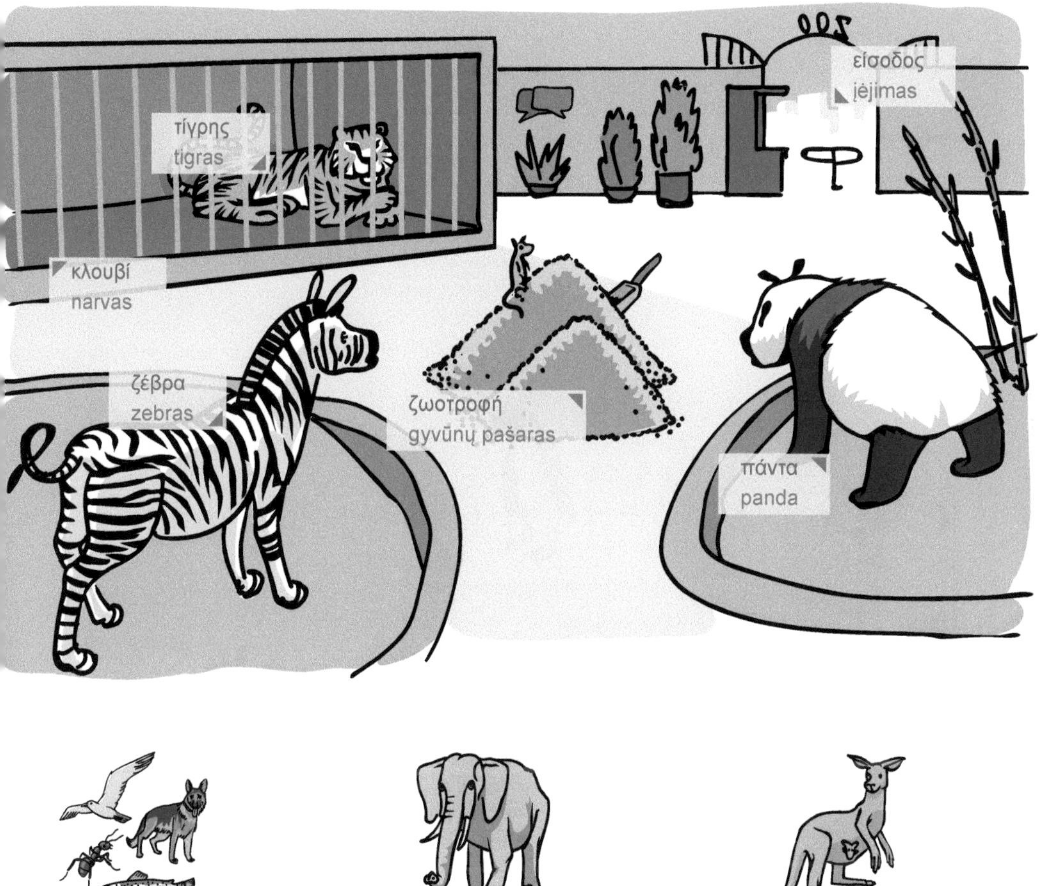
εἴσοδος
įėjimas
τίγρης
tigras
κλουβί
narvas
ζέβρα
zebras
ζωοτροφή
gyvūnų pašaras
πάντα
panda

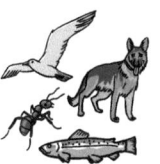

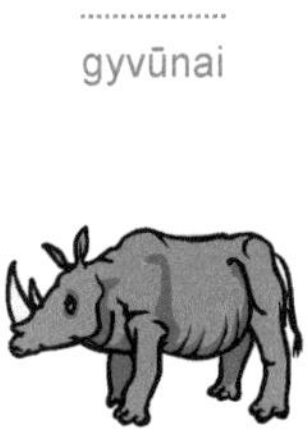

ζώα

gyvūnai

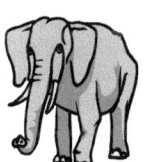

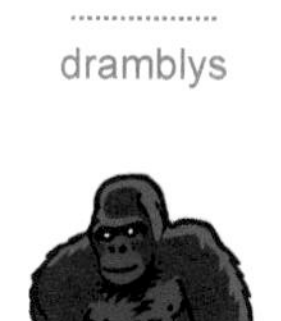

ελέφαντας

dramblys

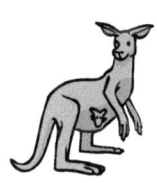

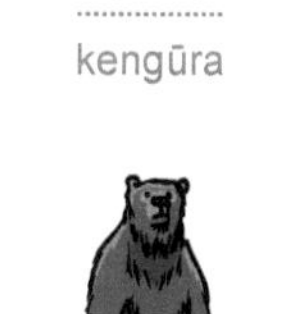

καγκουρό

kengūra

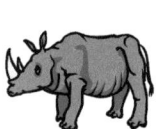

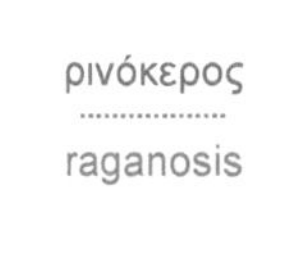

ρινόκερος

raganosis

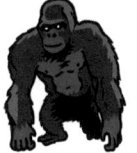

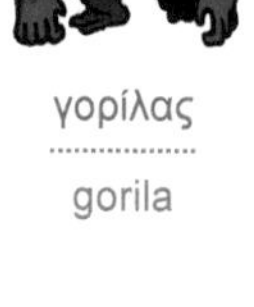

γορίλας

gorila

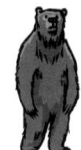

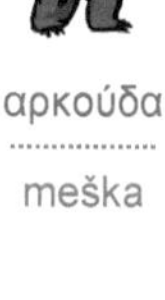

αρκούδα

meška

καμήλα

kupranugaris

στρουθοκάμηλος

strutis

λιοντάρι

liūtas

πίθηκος

beždžionė

φλαμίνγκο

flamingas

παπαγάλος

papūga

πολική αρκούδα

baltoji meška

πιγκουίνος

pingvinas

καρχαρίας

ryklys

παγώνι

povas

φίδι

gyvatė

κροκόδειλος

krokodilas

φύλακας ζωολογικού κήπου

zoologijos sodo prižiūrėtojas

φώκια

ruonis

τζάγκουαρ

jaguaras

πόνυ

ponis

λεοπάρδαλη

leopardas

ιπποπόταμος

begemotas

καμηλοπάρδαλη

žirafa

αετός

erelis

αγριογούρουνο

šernas

ψάρι

žuvis

χελώνα

vėžlys

θαλάσσιος ίππος

vėplys

αλεπού

lapė

γαζέλα

gazelė

Αμερικάνικο ποδόσφαιρο
amerikietiškas futbolas

ποδηλασία
dviračių sportas

αντισφαίριση
tenisas

μπάσκετ
krepšinis

κολύμβηση
plaukimas

πυγχαμία
boksas

χόκεϋ επί πάγου
ledo ritulys

ποδόσφαιρο
futbolas

μπάντμιντον
badmintonas

στίβος
atletika

χάντμπολ
rankinis

σκι
slidinėjimas

πόλο
polas

δραστηριότητες
užsiėmimai

πηδάω
šokinėti
αγκαλιάζω
apkabinti
γελάω
juoktis
περπατάω
vaikščioti
τραγουδάω
dainuoti
ονειρεύομαι
svajoti
προσεύχομαι
melstis
φιλάω
bučiuoti

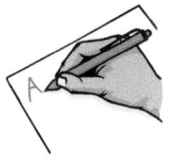

γράφω

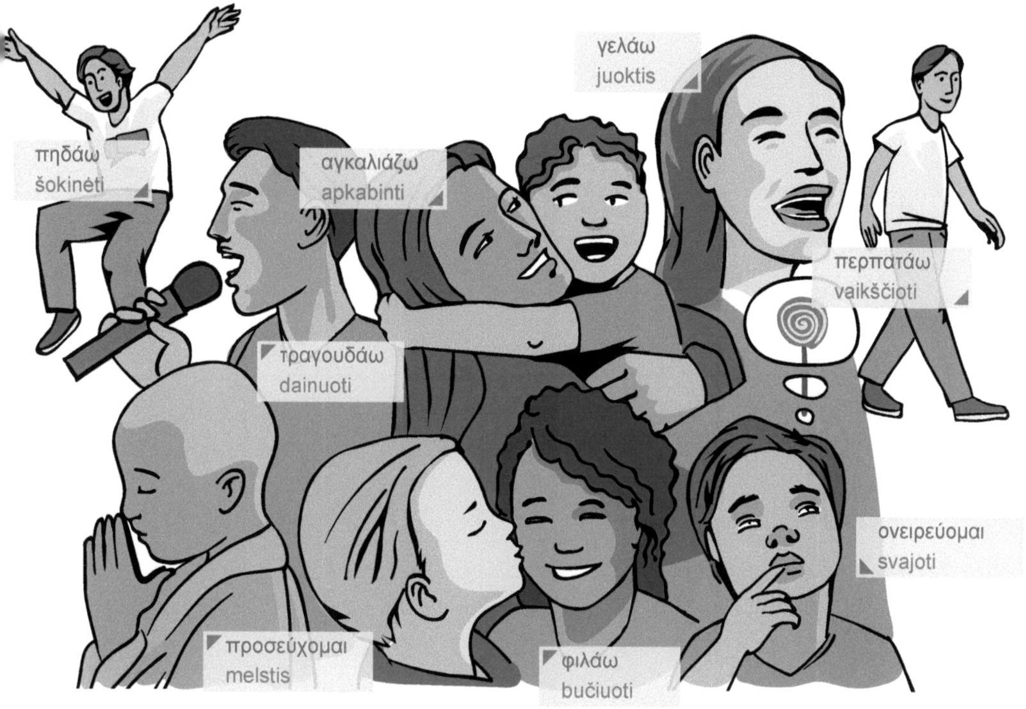

rašyti

σχεδιάζω

piešti

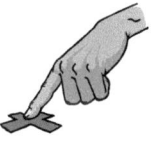

δείχνω

rodyti

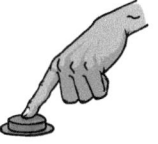

πιέζω

stumti

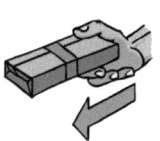

δίνω

duoti

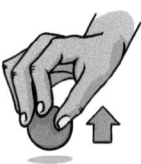

παίρνω

imti

έχω

turėti

κάνω

daryti

είμαι

būti

στέκομαι

stovėti

τρέχω

bėgti

τραβάω

traukti

ρίχνω

mesti

πέφτω

kristi

ξαπλώνω

meluoti

περιμένω

laukti

κουβαλώ

nešti

κάθομαι

sėdėti

φοράω

rengtis

κοιμάμαι

miegoti

ξυπνάω

pabusti

δραστηριότητες - užsiėmimai

κοιτάω

žiūrėti

κλαίω

verkti

χαϊδεύω

glostyti

χτενίζω

šukuoti

μιλάω

kalbėti

καταλαβαίνω

suprasti

ρωτάω

paklausti

ακούω

klausytis

πίνω

gerti

τρώω

valgyti

συγυρίζω

tvarkytis

αγαπάω

mylėti

μαγειρεύω

gaminti

οδηγώ

vairuoti

πετάω

skristi

κάνω ιστιοπλοΐα
buriuoti

υπολογίζω
skaičiuoti

διαβάζω
skaityti

μαθαίνω
mokytis

δουλεύω
dirbti

παντρεύομαι
vesti

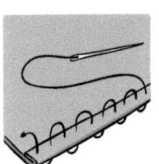

ράβω
siūti

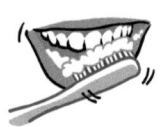

βουρτσίζω τα δόντια
valytis dantis

σκοτώνω
žudyti

καπνίζω
rūkyti

στέλνω
siųsti

οικογένεια
šeima

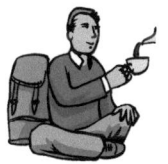

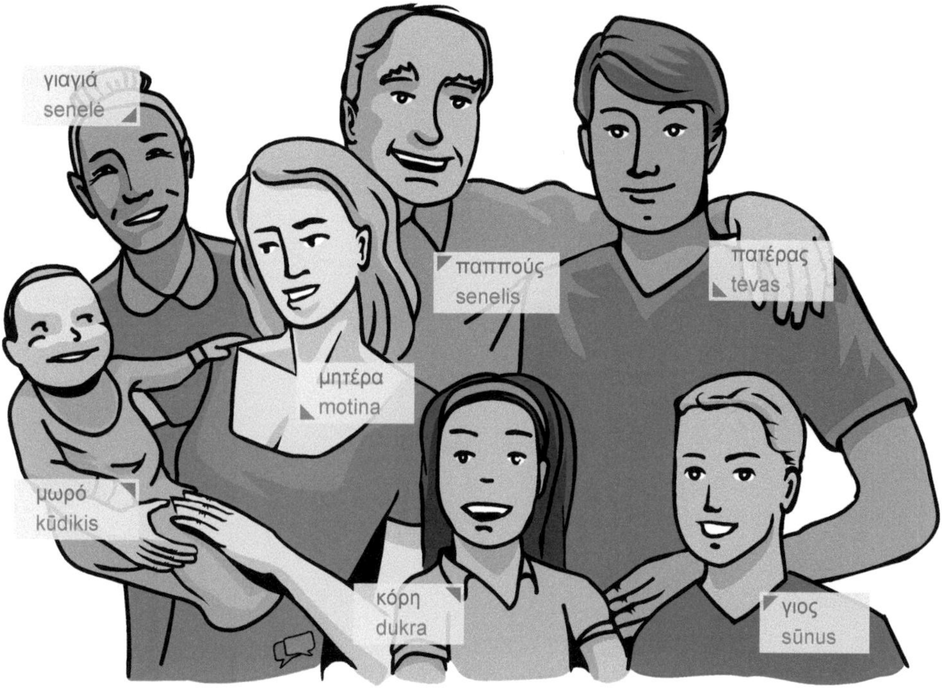
γιαγιά
senelė
παππούς
senelis
πατέρας
tėvas
μητέρα
motina
μωρό
kūdikis
κόρη
dukra
γιος
sūnus

καλεσμένος

svečias

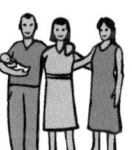

θεία

teta

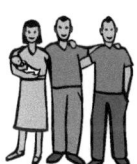

θείος

dėdė

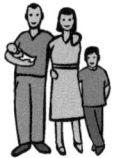

αδελφός

brolis

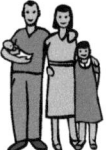

αδελφή

sesuo

σώμα
kūnas

μέτωπο
kakta
μάτι
akis
ώμος
petys
δάχτυλο
pirštas
πρόσωπο
veidas
πιγούνι
smakras
χέρι
plaštaka
πόδι
koja
στήθος
krūtinė
βραχίονας
ranka

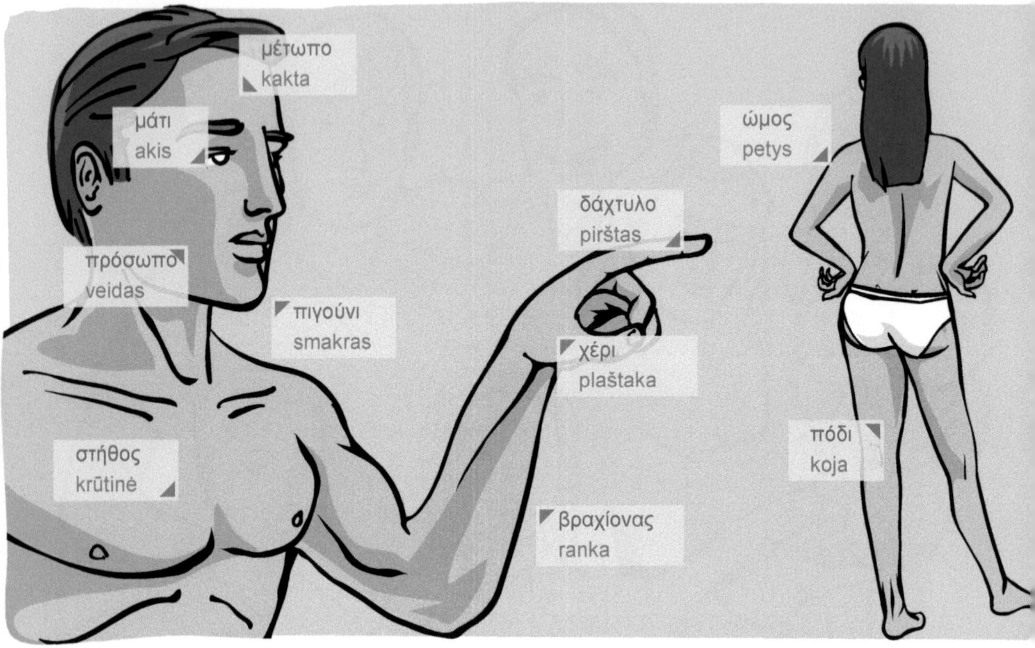

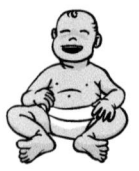

μωρό

kūdikis

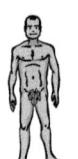

άνδρας

vyras

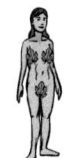

γυναίκα

moteris

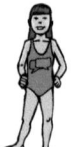

κορίτσι

mergaitė

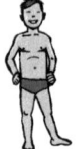

αγόρι

berniukas

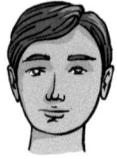

κεφάλι

galva

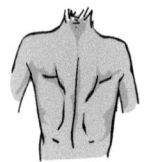

πλάτη

nugara

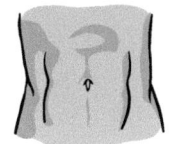

κοιλιά

pilvas

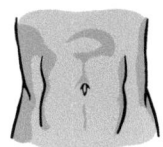

αφαλός

bamba

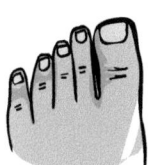

δάχτυλο ποδιού

kojos pirštas

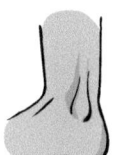

φτέρνα

kulnas

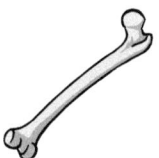

κόκκαλο

kaulas

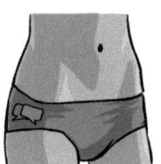

γοφός

klubas

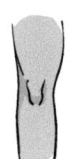

γόνατο

kelis

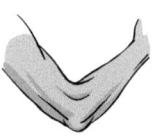

αγκώνας

alkūnė

μύτη

nosis

γλουτός

sėdmenys

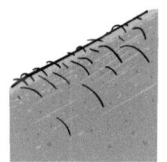

δέρμα

oda

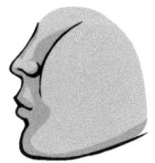

μάγουλο

skruostas

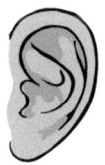

αυτί

ausis

χείλος

lūpa

στόμα
burna

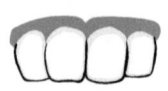

δόντι
dantis

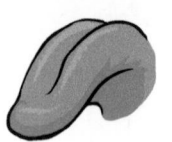

γλώσσα
liežuvis

εγκέφαλος
smegenys

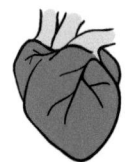

καρδιά
širdis

μυς
raumuo

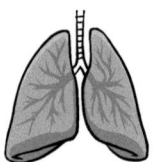

πνεύμονας
plaučiai

συκώτι
kepenys

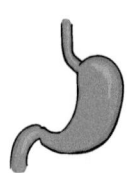

στομάχι
skrandis

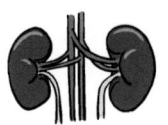

νεφρά
inkstai

σεξουαλική επαφή
seksas

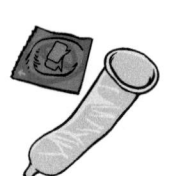

προφυλακτικό
prezervatyvas

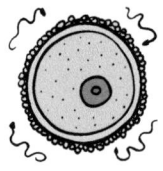

ωάριο
kiaušialąstė

σπέρμα
sperma

εγκυμοσύνη
nėštumas

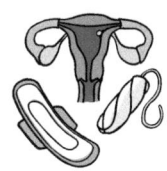

περίοδος

menstruacijos

γυναικείος κόλπος

makštis

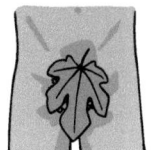

πέος

varpa

φρύδι

antakis

μαλλιά

plaukai

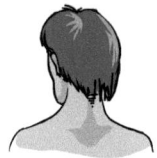

λαιμός

kaklas

νοσοκομείο
ligoninė

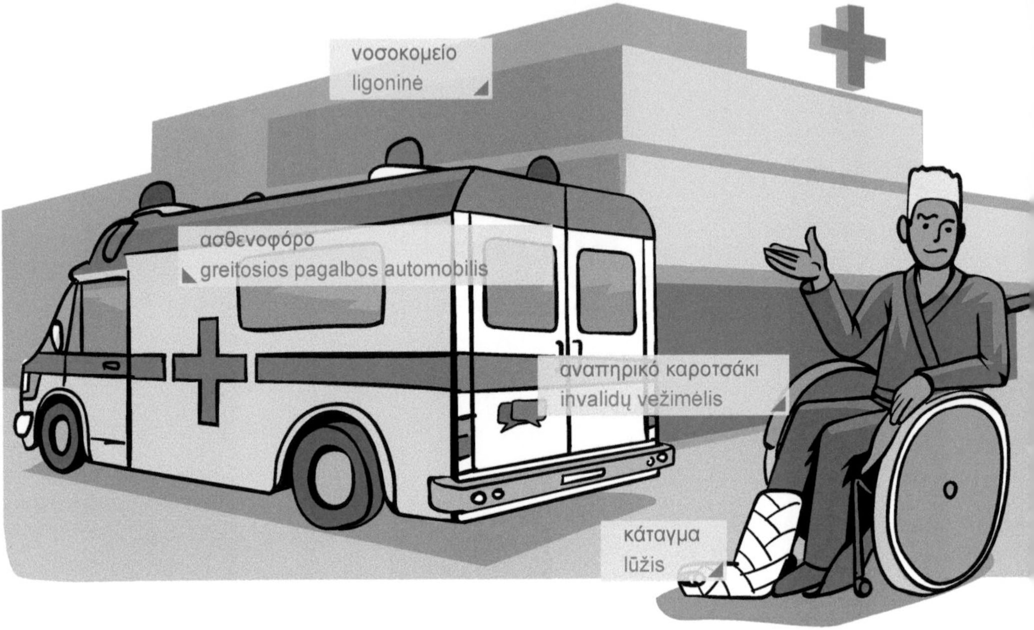

νοσοκομείο
ligoninė
ασθενοφόρο
greitosios pagalbos automobilis
αναπηρικό καροτσάκι
invalidų vežimėlis
κάταγμα
lūžis

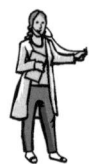

γιατρός

gydytojas

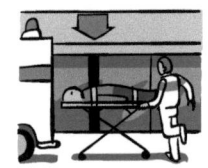

μονάδα εντατικής θεραπείας

skubios pagalbos skyrius

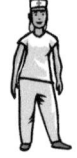

νοσοκόμα

slaugytoja

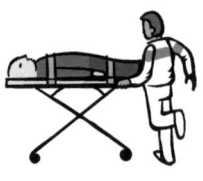

έκτακτη ανάγκη

nelaimingas atsitikimas

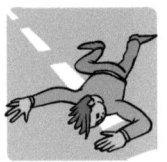

λιπόθυμος

be sąmonės

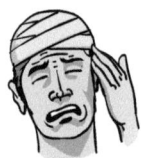

πόνος

skausmas

τραύμα

sužalojimas

αιμορραγία

kraujavimas

έμφραγμα

širdies smūgis

εγκεφαλικό

insultas

αλλεργία

alergija

βήχας

kosulys

πυρετός

karščiavimas

γρίπη

gripas

διάρροια

viduriavimas

πονοκέφαλος

galvos skausmas

καρκίνος

vėžys

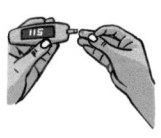

διαβήτης

diabetas

χειρουργός

chirurgas

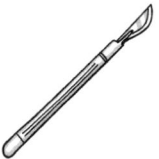

νυστέρι

skalpelis

εγχείρηση

operacija

αξονική τομογραφία

KT

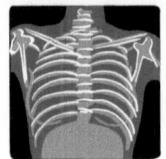

ακτινογραφία

rentgenas

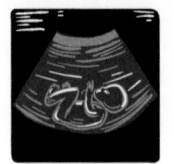

υπέρηχος

ultragarsas

μάσκα

veido kaukė

ασθένεια

liga

αίθουσα αναμονής

laukiamasis

πατερίτσα

ramentas

χάνσαπλαστ

gipsas

επίδεσμος

tvarstis

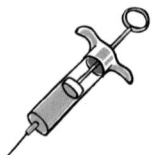

ένεση

injekcija

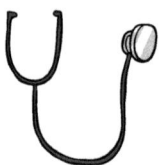

στηθοσκόπιο

stetoskopas

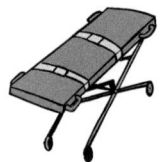

φορείο

neštuvai

θερμόμετρο

termometras

γέννηση

gimimas

υπέρβαρο

antsvoris

ακουστικό βαρηκοΐας

klausos aparatas

αντισηπτικό

dezinfekavimo priemonė

λοίμωξη

infekcija

ιός

virusas

HIV/AIDS

ŽIV / AIDS

φάρμακο

vaistas

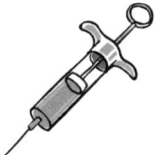

εμβολιασμός

skiepijimas

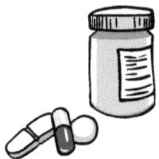

δισκία

tabletės

χάπι

piliulė

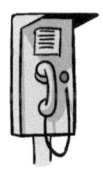

κλήση έκτακτης ανάγκης

skubios pagalbos numeris

πιεσόμετρο αίματος

kraujospūdžio matuoklis

άρρωστος / υγιής

ligotas / sveikas

Βοήθεια!
Padėkite!

συναγερμός
pavojaus signalas

βιαιοπραγία
užpuolimas

επίθεση
ataka

κίνδυνος
pavojus

έξοδος κινδύνου
avarinis išėjimas

Φωτιά!
Gaisras!

πυροσβεστήρας
gesintuvas

ατύχημα
nelaimingas atsitikimas

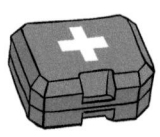

κουτί πρώτων βοηθειών
pirmosios pagalbos rinkinys

SOS
SOS

αστυνομία
policija

Ευρώπη

Europa

Βόρεια Αμερική

Šiaurės Amerika

Νότια Αμερική

Pietų Amerika

Αφρική

Afrika

Ασία

Azija

Αυστραλία

Australija

Ατλαντικός Ωκεανός

Atlanto vandenynas

Ειρηνικός Ωκεανός

Ramusis vandenynas

Ινδικός Ωκεανός

Indijos vandenynas

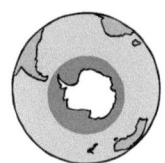

Ανταρκτικός Ωκεανός

Pietų vandenynas

Αρκτικός Ωκεανός

Arkties vandenynas

Βόρειος Πόλος

Šiaurės ašigalis

Νότιος Πόλος

Pietų ašigalis

Ανταρκτική

Antarktida

Γη

Žemė

γη

sausuma

θάλασσα

jūra

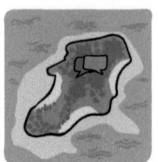

νησί

sala

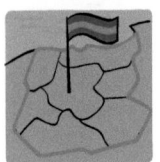

έθνος

tauta

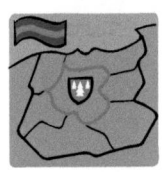

πολιτεία

valstybė

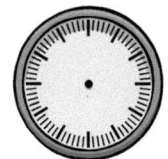

κανδράν ρολογιού

ciferblatas

ωροδείκτης

valandinė rodyklė

λεπτοδείκτης

minutinė rodyklė

δείκτης δευτερολέπτων

sekundinė rodyklė

Τι ώρα είναι;

Kiek valandų?

ημέρα

diena

χρόνος

laikas

τώρα

dabar

ψηφιακό ρολόι

skaitmeninis laikrodis

λεπτό

minutė

ώρα

valanda

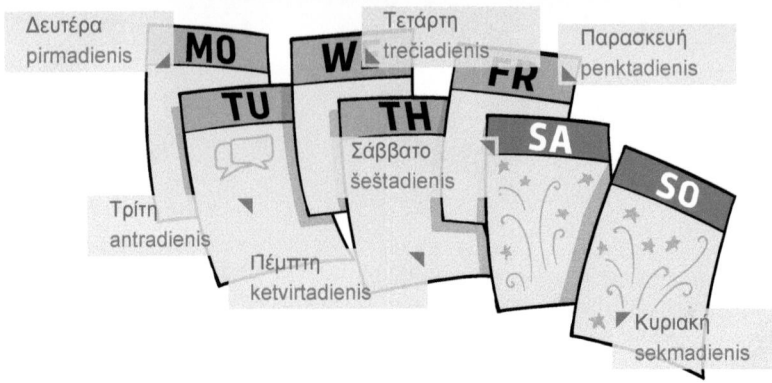

Δευτέρα
pirmadienis

Τετάρτη
trečiadienis

Παρασκευή
penktadienis

Σάββατο
šeštadienis

Τρίτη
antradienis

Πέμπτη
ketvirtadienis

Κυριακή
sekmadienis

χθες
vakar

σήμερα
šiandien

αύριο
rytoj

πρωί
rytas

μεσημέρι
vidurdienis

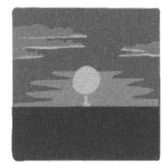

βράδυ
vakaras

εργάσιμες ημέρες
darbo dienos

Σαββατοκύριακο
savaitgalis

έτος
metai

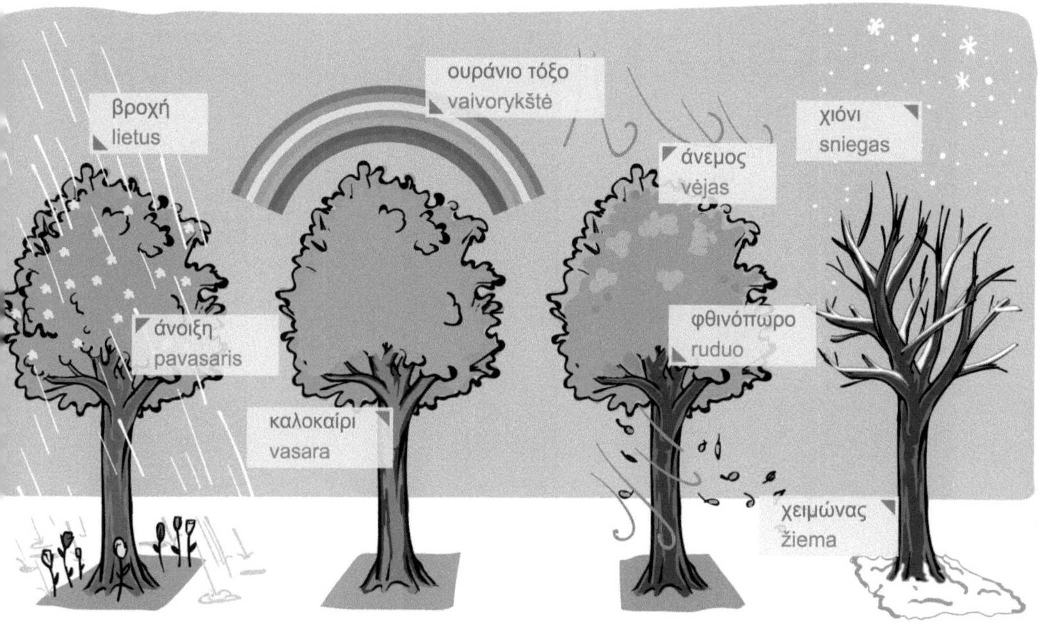

βροχή
lietus
ουράνιο τόξο
vaivorykštė
χιόνι
sniegas
άνεμος
vėjas
άνοιξη
pavasaris
φθινόπωρο
ruduo
καλοκαίρι
vasara
χειμώνας
žiema

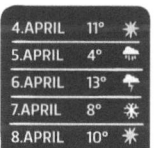

4.APRIL 11°
5.APRIL 4°
6.APRIL 13°
7.APRIL 8°
8.APRIL 10°

πρόγνωση καιρού

orų prognozė

F C
120 40
90 30
60 20
30 10
0 0
-30 -10
-20

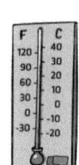

θερμόμετρο

lauko termometras

λιακάδα

saulės šviesa

σύννεφο

debesis

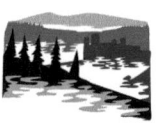

ομίχλη

rūkas

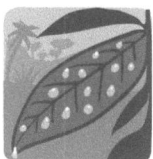

υγρασία

drėgmė

αστραπή

žaibas

κεραυνός

griaustinis

καταιγίδα

audra

χαλάζι

kruša

μουσώνας

musonas

πλημμύρα

potvynis

πάγος

ledas

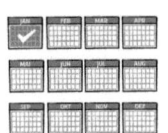

Ιανουάριος

sausis

Φεβρουάριος

vasaris

Μάρτιος

kovas

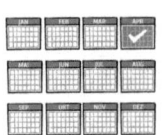

Απρίλιος

balandis

Μάιος

gegužė

Ιούνιος

birželis

Ιούλιος

liepa

Αύγουστος

rugpjūtis

έτος - metai

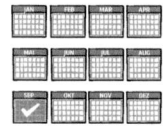

Σεπτέμβριος

rugsėjis

Οκτώβριος

spalis

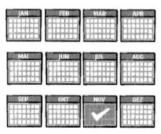

Νοέμβριος

lapkritis

Δεκέμβριος

gruodis

σχήματα
formos

κύκλος

apskritimas

τετράγωνο

kvadratas

ορθογώνιο
παραλληλόγραμμο
stačiakampis

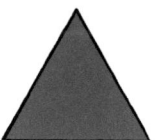

τρίγωνο

trikampis

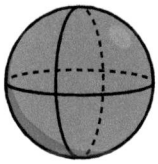

σφαίρα

sfera

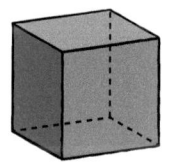

κύβος

kubas

χρώματα
spalvos

άσπρο

balta

κίτρινο

geltona

πορτοκαλί

oranžinė

ροζ

rožinė

κόκκινο

raudona

μωβ

violetinė

μπλε

mėlyna

πράσινο

žalia

καφέ

ruda

γκρι

pilka

μαύρο

juoda

πολύ / λίγο

daug / mažai

θυμωμένος / ήρεμος

piktas / ramus

όμορφος / άσχημος

gražus / bjaurus

αρχή / τέλος

pradžia / pabaiga

μεγάλος / μικρός

didelis / mažas

φωτεινός / σκοτεινός

šviesus / tamsus

αδελφός / αδελφή

brolis / sesuo

καθαρός / λερωμένος

švarus / purvinas

πλήρης / ατελής

užbaigtas / neužbaigtas

ημέρα / νύχτα

diena / naktis

νεκρός / ζωντανός

miręs / gyvas

φαρδύς / στενός

platus / siauras

βρώσιμος / μη βρώσιμος

valgomas / nevalgomas

κακός / ευγενικός

piktas / malonus

ενθουσιασμένος / βαριεστημένος

linksmas / nuobodus

παχύς / λεπτός

storas / plonas

πρώτος / τελευταίος

pirmiausia / paskiausia

φίλος / εχθρός

draugas / priešas

γεμάτος / άδειος

pilnas / tuščias

σκληρός / μαλακός

kietas / minkštas

βαρύς / ελαφρύς

sunkus / lengvas

πείνα / δίψα

alkis / troškulys

άρρωστος / υγιής

ligotas / sveikas

παράνομος / νόμιμος

nelegalus / legalus

έξυπνος / χαζός

protingas / kvailas

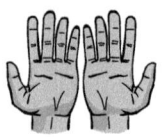

αριστερός / δεξιός

kairė / dešinė

κοντινός / μακρινός

arti / toli

αντίθετα - priešingos reikšmės žodžiai

καινούριος /
μεταχειρισμένος

naujas / naudotas

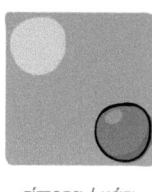

τίποτα / κάτι

niekas / kažkas

γέρος | νέος

senas / jaunas

αναμμένος / σβηστός

įjungta / išjungta

ανοιχτός / κλειστός

atidaryta / uždaryta

χαμηλόφωνος /
μεγαλόφωνος
tylus / garsus

πλούσιος / φτωχός

turtingas / vargšas

σωστός / λανθασμένος

teisus / neteisus

τραχύς / λείος

šiurkštus / švelnus

λυπημένος / χαρούμενος

liūdnas / laimingas

κοντός / μακρύς

trumpas / ilgas

αργός / γρήγορος

lėtas / greitas

υγρός / στεγνός

drėgnas / sausas

ζεστός / δροσερός

šiltas / šaltas

πόλεμος / ειρήνη

karas / taika

0	**1**	**2**
μηδέν	ένα	δύο
nulis	vienas	du

3	**4**	**5**
τρία	τέσσερα	πέντε
trys	keturi	penki

6	**7**	**8**
έξι	εφτά	οκτώ
šeši	septyni	aštuoni

9	**10**	**11**
εννιά	δέκα	έντεκα
devyni	dešimt	vienuolika

12

δώδεκα

dvylika

13

δεκατρία

trylika

14

δεκατέσσερα

keturiolika

15

δεκαπέντε

penkiolika

16

δεκαέξι

šešiolika

17

δεκαεφτά

septyniolika

18

δεκαοκτώ

aštuoniolika

19

δεκαεννέα

devyniolika

20

είκοσι

dvidešimt

100

εκατό

šimtas

1.000

χίλια

tūkstantis

1.000.000

εκατομμύριο

milijonas

Αγγλικά
anglų

Αμερικάνικα Αγγλικά
amerikiečių anglų

Μανδαρίνικα Κινέζικα
kinų (mandarinų)

Χίντι
hindi

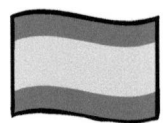

Ισπανικά
ispanų

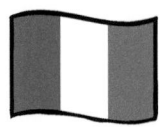

Γαλλικά
prancūzų

Αραβικά
arabų

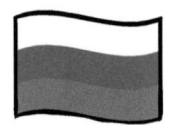

Ρώσικα
rusų

Πορτογαλικά
portugalų

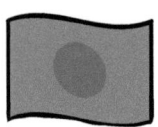

Μπενγκάλι
bengalų

Γερμανικά
vokiečių

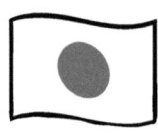

Ιαπωνικά
japonų

εγώ
aš

εσύ
tu

αυτός / αυτή / αυτό
jis / ji

εμείς
mes

εσείς
jūs

αυτοί / αυτές / αυτά
jie

ποιος / ποια / ποιο;
kas?

τι;
ką?

πώς;
kaip?

πού;
kur?

πότε;
kada?

όνομα
vardas

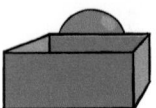

πίσω

už

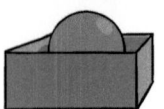

μέσα

kur (vieta)

μπροστά

priešais

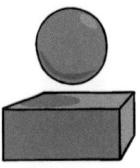

πάνω από

virš

πάνω

ant

κάτω

po

δίπλα

prie

ανάμεσα

tarp

μέρος

vieta